葉子

Leaves Publishing

根

以讀者爲其根本

莖

用生活來做支撐

葉

引發思考或功用

果

獲取效益或趣味

笨蛋！成功是策略問題

以個人策略規劃成功未來

如果不希望失敗是人生的一個選項
沒有什麼比策略規劃更能幫助他避免失敗

鄭啓川◎著

國內教你如何成功的書籍，多如車載斗量，有的純屬勵志讀物，有的充斥「厚黑學」的技倆，真正從策略規劃角度來談「成功」的書籍，本書堪稱絕無僅有！有強烈上進心、立志出人頭地的朋友們，一定要看!!

Career雜誌總編輯 臧聲遠 強力推薦

三色堇系列

笨蛋！成功是策略問題

作　　者：鄭啓川
出 版 者：葉子出版股份有限公司
發 行 人：宋宏智
企劃主編：林淑雯
媒體企劃：汪君瑜
文字編輯：黃詩媛
封面設計：引線視覺設計有限公司
美術編輯：引線視覺設計有限公司
印　　務：許鈞棋
專案行銷：吳惠娟
登 記 證：局版北市業字第677號
地　　址：台北市新生南路三段88號7樓之3
電　　話：（02）2363-5748　　傳　真：（02）2366-0313
讀者服務信箱：service@ycrc.com.tw
網　　址：http://www.ycrc.com.tw
郵撥帳號：19735365　　戶　名：葉忠賢
印　　刷：鼎易印刷事業股份有限公司
法律顧問：北辰著作權事務所
初版一刷：2005年3月　　新台幣：220元
ISBN：

國家圖書館出版品預行編目資料

笨蛋！成功是策略問題:以個人策略規劃成功未來
鄭啓川著作. 初版 臺北市：葉子,
2005[民94]　　面；　公分一(三色堇)
ISBN 986-7609-61-1(平裝)
1.成功法　2.生涯規劃
177.2　　94003359

總　經　銷：揚智文化事業股份有限公司
地　　　址：台北市新生南路三段88號5樓之6
電　　　話：（02）23660309
傳　　　真：（02）23660310

目錄

Part 3 個人策略培養宏觀視野

人們必須用全新的心態面對這個由科技革命及經濟革命所構成的新時代，不管你喜歡與否，在新的時代裡，人人都必須面對這些新的遊戲規則。

Part 4 個人策略幫助正面思考

成功是清楚地知道自己一生的目的，發揮最大的潛能，散播能造福他人的種子。

Part 5 個人策略與工作生活

你必須先使你的生產力加倍，然後收入加倍的美夢才可能成真。

推薦序

成功，是需要策略規劃的

過去一年多來，台灣企劃塾成爲Career雜誌的策略聯盟夥伴，透過這層合作關係，讓我與擔任台灣企劃塾知識長的啓川兄，逐漸有深入的交往。我常想，如果在古代，他一定是運籌帷幄、決勝於千里之外的軍師型的人才吧！啓川兄最令人印象深刻的特質，在於傑出的策略規劃能力，而在策略力的背後，他是我看過少數能進行系統性思考，而且對知識的追求有著無比熱情的人。正因爲如此，每次啓川兄提出的合作方案，其眼光之獨到、思考之縝密，總是令我眼睛爲之一亮。這些特質，在這本書中都呈顯無遺。

其實，不只是工作需要策略規劃能力，個人生涯發展何嘗不然？成功不是偶然，而是需要策略規劃的，國內教你如何成功的書籍，多如車載斗量，有的純屬勵志讀物，有的充斥「厚黑學」的技倆，眞正從策略規劃角度來談「成功」的書籍，這本《笨蛋！成功是策略問題》堪稱絕無僅有。作爲一個生涯輔導工作者，我強力推薦這本好書給有強烈上進心、立志出人頭地的朋友們。

啓川兄在書中提到「4D成功方程式」—Desire、Decision、Discipline、Determination，我

將其歸納爲「立志」和「自律」兩大元素。過去十幾年來，我一直都在雜誌界任職，我所看到日後能夠出類拔萃、成就一番局面的記者，身上都有這兩種特質。我的第一份正式工作是在遠見雜誌，當年跟我同梯的記者，如今開枝散葉，在雜誌出版界位居要津者不知凡幾，台灣再也沒有任何一個雜誌社，能培養出這麼多總編輯的人才。而遠見教給我們的，除了新聞專業外，最重要就是讓我們學會「立志」和「自律」。

當年在遠見報到上班的第一天，社長高希均教授對我們精神講話，鼓勵大家不要以做一個記者爲滿足，而要立志成爲一個「專家」，就像美國很多駐外記者，日後都成爲區域問題專家，寫下權威性的專著，甚至到研究機構任職。這一堂「立志課」令我終身難忘，也鞭策我們在專業領域，時時保持高度的自我期許。

從外人看來，當時遠見總編輯王力行小姐的管理風格，似乎是完全自由放任、無爲而治的；其實恰好相反，她是用「自律」取代「他律」。她讓記者養成一種強烈的榮譽感，拚命去把文章寫到最好，把追求卓越當成一種天經地義，用最高標準去嚴格要求自己。這是我們得到最寶貴的on-job-training。

總之，拜讀啓川兄這本書的論點，印證到自己在職場所見的成功人物，格外有一種感同身受的體會。讀者看過這本書後，若能付諸實踐，距離成功「雖不中，亦不遠矣！」

*Career*雜誌總編輯　臧聲遠

導論　個人策略讓你輕鬆成功

曾經在網路看到一則小故事：

有兩個年輕鄉下人（甲，乙）一起挑水去城裡賣，一桶賣一元，一天可以挑二十桶。

有一天

甲：「我們每天挑水，現在可以挑二十桶，但等我們老了還可以一天挑二十桶嗎？我們爲什麼不現在挖一條水管到城裡，這樣以後就不用這麼累了。」

乙：「可是如果我們把時間花去挖水管，我們一天就賺不到二十元了。」

所以乙不同意甲的想法，就繼續挑水，甲開始每天只挑十五桶，利用剩下的時間挖水管。

五年後，乙繼續挑水，但只能挑十九桶，可是甲挖通了水管，每天只要開水龍頭就可以賺錢了。

如果從學理上分析，甲和乙成就水準的差異在於，甲懂得應用「個人策略規劃」的原理，有清楚的目標與願景，並下定決心採取行動進行改變，也清楚自己該付出的代價，用短期的犧牲，來換取長期的成功。甲之所以成功是因爲他根據成功的法則行事；反觀乙，只顧安於現狀，不願意改變，最後只得被歲月與環境所淘汰。

事實上，宇宙萬物都有運行的法則，人生也不例外，成功與失敗皆有規則可循，只要你了解成功的眞諦、遵循成功的法則、學習成功者的思考與行爲習慣，你就能像其他成功者一樣，獲得一生夢想的成就目標。決定權在於自己，而不在於外在的環境因素，誠如英國物理學家William Henley所說：「我是我的靈魂的船長，我是我的命運的主人。」

成功的眞諦

美國作家約翰麥斯威爾（John C. Maxwell）寫道：「大部分想成功的人最大的問題不在他們沒有能力成功，他們最主要的障礙是，誤解成功的意義，對成功沒有抱持正確的態度。」其實，成功的眞諦是：「成功是知道自己人生的目的，發揮最大的潛能，散播能造福他人的種子，成功的人生應該被看成是一種旅程，而非看成是到達目的地。」

因此，成功的人生有三個衡量的指標，第一，你是否瞭解自己特定的人生目的；第二，你發揮天賦潛能的比例；第三，你對社會貢獻的多少。如果一個人不清楚自己的人生目的，就無法找到人生的方向，時間與精力無從聚焦，就無法發揮天賦的潛能，也就沒有能力爲社會創造貢獻，一生的成就自然有限。如果你透徹地領悟成功的眞諦，你自然能夠找到「什麼因素決定你是否會成功？」的答案。

想法決定人生

決定成功的因素，不是外在環境、家世背景、教育程度、遺傳智商、機會運氣等因素，是你的想法決定你的人生，美國潛能開發大師伯恩崔西說：「你大部分時間在想什麼，你就會變成那樣的人」，約翰麥斯威爾說：「你今日的生命是昨日思考的結果，你明日的生命將由今日思考所決定。」想法是任何事物的開端，你的想法決定你是什麼樣的人，你是什麼樣的人決定你要做什麼，你做什麼就會決定你的命運，你的命運將決定你一生的傳奇。

成功者與一般人最大的差別在於想法的不同，約翰麥斯威爾說：「失敗的人通常把思考聚焦於生存上，普通人將思考聚焦於維持現狀上，成功的人將思考聚焦於進步上。」想法決定一生的成功與失敗，因此，想要成功、想要改善生活、想要提升生命品質的人，必須從改善你內心的想法做起，改變想法就能改變人生。

許多人覺得改變人生、改變命運很困難，這是因為「每一個人都想要改變外在的世界，但是很少人想要改變自己。」這些不願改變自己的人，只好向外尋求各種神通、迷信來幫自己改運，結果通常只會更慘，那些被神棍騙財騙色的婦女就是活生生的例子。事實上，我們每個人都有能力改變自己的想法，而想法決定人生，因此每個人都有改變自己命運的能力。只要你肯努力改變自己的想法，就能夠創造成功的人生。

製造你的成功方程式

如何才能成功？自古以來，許多人爭論著「成功是否有方程式？」，這要看你對成功的定義以及典範如何界定，定義與典範不同，追求成功的方法論必然不同，例如把追求財富視爲成功的人，「厚黑學」當然是他們信仰的哲學與方法。但是，如果你眞正理解成功的眞諦——「成功是知道自己人生的目的，發揮最大的潛能，散播能造福他人的種子」，成功就有一套方程式。古今中外，眞正成功的人都是遵守一套「4D」的原則與想法來工作與生活，如果你也想和他們一樣享有成功的人生，先從學習成功者的想法開始做起。

4D成功方程式

◎Desire

找到你眞正想要過的人生，思考你的人生目的、你的理想與願景、你的價値觀、你的天賦特長，當你找到你眞正要什麼，而且相信自己一定能做到，這就是邁向成功的第一步。美國成功學作家拿破崙·希爾曾經寫道：「成功的關鍵是，找出你眞正喜歡做的事情，設法做好這件事，賺錢過好日子」，著名作家尼爾森包斯威爾說：「邁向成功的第一步，也是最重要的一步，是預期我們一定會成功。」美國億萬富豪創業家李察帝夢思說：「人與夢想之間的距離，只在於他是否願意去嘗試，並且深信夢想是可能實現的。」成功要從做人生的大夢開始。

◎Decision

決定做自己靈魂的船長，決心做自己命運的主人，下定決心一定要達成想要的人生目標。把目標清楚地寫下來，爲目標訂一個清楚的完成期限，列出所有該做的事情，組織成行動的計畫，下定決心一次付清達成目標所需要的代價。

◎Discipline

養成自律的習慣，自律是不管你喜歡或不喜歡，當你必須做的時候，強迫自己做必須該做的事情的能力。自律是痛苦的，自律的痛苦是眼前短暫的痛苦，但是無法自律所帶來是懊悔的痛苦，這種痛苦是未來的、長期性的痛苦。既然痛苦是人生必須付出的代價，不如養成自律的習慣，犧牲眼前短期的享樂，換取長期人生的成功，這是所有智者共同的選擇。養成紀律，採取行動，每天朝目標一點一點向前邁進，就是成功的保證。

◎Determination

決心堅持到底，未達目標永不放棄。成功之路，滿佈荊棘，目標越遠大，遭遇困難越多，經歷失敗挫折的機會越大。成功者之所以成功是因爲他們下定決心，絕不會被失望、挫折、失敗所擊垮，他們堅持繼續往前走，永不放棄目標。相反的，一般人或失敗者，一碰到困難就打道回府，遇到障礙就停滯不前，遭逢失敗就好像世界末日，不斷放棄目標成爲他們日常生活的規律之一。

幾乎世界上所有偉大的成功者都具備這種「堅持到底、永不放棄」的人格特質，富士比雜誌的創辦人富士比寫道：「歷史證明，大部分聲譽卓著的贏者，在他們勝利之前，通常都會遭遇令他們心碎的障礙，最後他們贏了，是因爲他們拒絕被挫折所打敗。」美國石油大王洛克斐勒寫道：「我眞的認爲沒有任何一種人格特質像堅持到底一樣，對成功是如此的重要，它可以克服任何事物，包括大自然在內。」

愛迪生，用以下的話描述自己的人生哲學：「當我下定決心去追求一個値得追求的成果時，我會立即著手進行，不斷地試驗，再試驗，直到獲得成果爲止。幾乎每個人，當心中有一個想法，著手進行時，都會在某個時間點上，遇到看似不可能完成的情況，然後感到挫折沮喪。但是那還不是該沮喪的時候。」英國前首相邱吉爾，在他晚年受邀回母校演講，分享他一生成功的秘訣，他站在講堂前，佇著枴杖，些微顫抖，用有力的聲音說：「用七個字來總結我一生的經驗：不放棄，絕不放棄。」

成功的七種思考習慣

前面提到「想法決定人生」的定律，成功者與一般人最大差異在於日常思考習慣不一樣，歸納他們的思考習慣，發現成功者有以下七種思考習慣：

第一、「未來導向」的思考習慣：

成功者（尤其是領導人）花很多時間思考未來，他們共同的特徵就是擁有願景，他們可以預先看見理想的未來，並且在當下努力工作去實現他們的願景。成功者非常清楚自己是誰、自己想要什麼、以及如何去獲得想要的目標。美國哈佛大學教授艾德華·班菲爾德，經過五十年的研究，提出他的結論：「長期觀點是決定個人成就最重要的決定性因素。」他對「長期觀點」的定義是「有能力對未來幾年進行思考，而同時又能在現在做成決定。」

第二、「目標導向」的思考習慣：

成功者大部分時間都用於思考目標以及如何達成目標。設定目標的重要原則是「紙上思考」，就是把腦海中理想的願景，用筆寫成清楚、具體、有完成時限、可執行的目標。目標清楚是成功的關鍵因素，以下是伯恩崔西所提出目標達成的七個重要步驟：

★決定你眞正要什麼
★把它寫下來當成你的人生目標
★爲目標設定完成的期限
★把達成目標所必須完成的事項列一張工作清單
★把清單上的所有事項，按重要性以及時間順序分別排序，做成一份行動計畫
★立刻根據行動計畫的優先順序，採取行動開始執行
★養成每天做的習慣，每天朝目標一點一點邁進。

第三、「卓越導向」的思考習慣：

成功者通常抱持「無論選擇什麼專業領域，生活品質是由追求卓越承諾的深度所決定」、「如果你讓自己變成專業領域中的頂尖高手，那麼沒有任何事能阻礙你獲得更高的收入以及更快的升遷」等類似的想法。成功者會努力追求工作的卓越表現，下定決心要進入前10%的專業贏者圈，他們每天學習新的知識與技能，每天進步，絕不失去前進的動能。當工作上有卓越表現，將會提高自己的自尊、自信與成就感，也可以獲得別人的尊敬與稱讚。就像美國作家曼帝諾說：「無論你的工作是什麼，成功唯一的方法是在別人期望之外提供更多、更好的服務。」

第四、「成果導向」的思考習慣：

成功者會不斷地思考如何達成期待的成果，他們會花很多時間，針對最重要的任務進行計畫與優先順序的安排。養成「成果導向」的工作習慣，必須在開始進行任務之前，把所有工作項目列出一張清單，根據價值與優先順序組織工作清單，選擇最重要的工作項目，專心一意地專注於完成這項工作，同時必須堅持到底，百分之百把工作完成，才進行下一件工作。養成「成果導向」的工作習慣，你必須經常回答以下四個問題：

★我最有價值的活動是什麼？

★我工作的關鍵成果領域是什麼？

★哪些工作是只有我能做，而且只要我做得好，將會對公司作出重大的貢獻？

★做哪些事情是最有價值的時間利用？

第五、「問題解決導向」的思考習慣：

成功者不會逃避任何問題，而是思考如何解決問題，當你思考、討論如何解決問題時，你會變得正面、樂觀，而有創意。成功者思考解決問題時，通常會應用「簡化原則」，避免複雜化的傾向，就像西元一一四二年，英國哲學家，威廉·奧克漢所說：「最簡單、最直接、步驟最少的方案通常是解決問題最正確的方案。」

第六、「成長導向」的思考習慣：

成功者不斷學習各種新觀念、智慧、技術、方法與策略，渴望吸收新的資訊，並且養成習慣把收入的3％投資於個人成長上，幫助個人成長有三個有效的方法：

★ 每天至少花一個小時以上的時間，閱讀專業領域相關的書籍。
★ 當你開車時，聽專業相關的有聲學習教材。
★ 參加各種有用的課程與演講。

第七、「行動導向」的思考習慣：

成功者會培養工作的緊迫感，當機會出現時，快速採取行動回應機會，維持一種快速的工作節奏。當你快速行動時，你就會愈有活力，當你做得愈快，你就會做得愈多，做得愈多就會學習到愈多的經驗，經驗累積就會使你獲得好的工作成果，好的工作成果可以使你獲得快速加薪與升遷的機會。希爾頓飯店集團的創辦人柯納德·希爾頓說：「成功似乎跟行動有關，成功的人保持前進，雖然他們會犯錯，但是他們絕不會放棄。」

你我面臨人生道路重大抉擇的時候，就像前面提到賣水的兩位年輕人一樣，你可以選擇當甲，決心追求美好的未來，決定個人策略規劃，自律付出成功的代價，堅持到底完成願景目標；你也可以寧願當乙，選擇安於現狀，避免風險，拒絕改變。這些都是人生的選項，你擁有絕對的決定權，最後你只需誠實地回答自己：「失敗是否是你希望的人生選項」，成爲甲或是乙就在你的一念之間。

Part 1
擬定個人策略地圖

一個人如果不希望失敗是人生的一個選項，沒有什麼比策略規劃更能幫助他避免失敗。

Hey！都是機率的問題！

一個人如果不希望失敗是人生的一個選項，沒有什麼比策略規劃更能幫助他避免失敗。

約翰麥克斯威爾（John C. Maxwell）

相信大家都上過數學的「機率理論」，如果用一枚硬幣，投一百次，投出正面與反面的機率是一比一，也就是投出正面或是反面的機率都是50％，在學生時代，我經常覺得很納悶，投硬幣的機率跟我的生活有什麼相關？後來，我才知道：「機率法則」是宇宙最偉大的法則之一，它可以解釋宇宙與人世間的所有現象。

機率法則說：宇宙的所有現象都是由機率所決定。例如，一個人生男、生女的機率是各50％，因此，如果沒有人爲因素干預的情況下，世界各國人口的男女比率約略相等。另外一個例子是，保險業應用統計的機率理論，精算出人類發生各種意外的比率，用來估算保費的設定，如果機率理論不正確，則大部分的保險公司都應該關門倒閉。

事實上，一個人事業成功或是財務獨立的機率，也是受到機率法則的控制，例如，一八九五年，義大利經濟學家Vilfredo Pareto提出「80/20法則」，他發現一個社會的所有人口，基本上可分爲兩個群體，一個是佔20％人口，所謂「重要的少數」，以及佔其餘80％人口的「不重要多數」，20％的「重要的少數」擁有全社會80％的財富與影響力，其餘80％的「不重要多數」，只擁有20％的財富與影響力。換言之，如果你想成爲擁有財富與影響力的「上流社會菁英」，你的機率是20％。

再看看最近美國的統計：在美國，個人淨資產達到百萬美元的人口，約佔總人口的5％，也就是說，個人要成爲百萬美元富翁的機率是二十分之一。

無論5％或是20％，個人事業成功或財務獨立的機率，相對而言是相當低的，遠低於90％的大學錄取率，每個人至少有80％的失敗機率，這就說明：爲什麼每一個社會成功者永遠是少數。

面對如此高的人生失敗率，個人應該採取什麼對策，才能提高成功率、降低失敗率呢？「個人策略規劃」提供一套可行的方略：首先你要研究成功者的思考與行爲模式，找出成功的法則，接著學習這些法則，應用在自己的工作生活中，持之以恆，你就能夠獲得與成功者相同的成就，這就是成功的妙算。如同獲得癌症的機率，人人一樣，但只要你學習健康長壽者的飲食、生活習慣，應用於自己身上，你就能降低獲得癌症的機率，提高健康長壽的機率。所以，美國領導學的專家約翰麥克斯威爾（John C. Maxwell）說：「一個人如果不希望失敗是人生的一個選項，沒有什麼比策略規劃更能幫助他避免失敗。」

時下，許多人認爲成功是運氣（LUCK）所決定，爲了改變命運，他們不斷花錢、花時間地求神問卜、找師父相命、看風水等等，錯誤的觀念導致失敗的人生，對這些人我必須說：「Hey！都是機率的問題！」

哈佛大學MBA沒有教的一堂課

清楚寫下人生目標，規畫詳細的行動計畫，一生只做符合目標的行為，這就是所有成功者贏的秘訣。

美國的調查發現：在所有人口中，只有3%的人，曾經寫下清楚的人生目標與具體的行動計畫。這3%的人都是白手起家的創業主以及各行各業成功的專業人士，他們的收入是一般人的十倍，有時甚至是百倍。

有一本書叫做《哈佛大學MBA沒有教的一堂課》，書中提到美國哈佛大學在一九七九年到一九八九年所做一項個人目標設定與成就水準之間關聯性研究，在一九七九年，哈佛大學曾針對該校MBA應屆畢業生進行訪問調查，訪問的題目是「你是否有寫下清楚的目標，並且做了計劃準備去完成」，調查發現只有3%的學生有寫下目標與計劃，13%的學生心中有目標但是沒有寫下來，其餘84%的學生則完全沒有具體的目標。

十年後，在一九八九年，研究人員再度面訪同一批人，調查發現13%的那群人（心中有目標但是沒有寫下來）的收入，平均而言，大約是84%那群人（完全沒有具體的目標）的兩倍，但最令人驚訝的發現是，有寫下目標與計劃的3％那群人，他們的收入，平均而言，是其餘97％的人的十倍。

在一般人的心目中，美國哈佛大學MBA畢業生，簡直是萬中取一的天之驕子，他們的智商之高，彼此應該差異不大，但是實證研究發現：智商並非決定成就的關鍵因素，反而是清楚的目標才是一生成就的決勝關鍵。

另一項美國所做的訪問調查，受訪者都是白手起家的億萬富豪，訪問的題目是：「你認爲什麼是聰明的行爲？這個聰明行爲決定你一生的成就。」7％以上的受訪者回答：「一生只做符合自己目標的事情就是聰明的行爲。」

以上兩個研究調查的結論：清楚寫下人生目標，規畫詳細的行動計畫，一生只做符合目標的行爲，這就是所有成功者贏的秘訣。

成功者的對話

* 智商並非決定成就的關鍵因素，反而是清楚的目標才是一生成就的決勝關鍵。
* 一生只做符合自己目標的事情就是聰明的行爲。

生活應用

1. 應用個人策略規劃（Personal Strategic Planning）的思考架構，尋找自己最重要的人生目標。
2. 用紙筆把目標寫下來。
3. 列出達成目標所必需採取行動，根據優先順序，組織成行動計畫。
4. 以目標管理自己的行爲，每天只做符合目標的活動。

GOSPA個人策略方程式

在複雜、多變、競爭激烈的環境中，「簡單專注」是最高明的策略。

美國著名的潛能開發大師伯恩崔西（Brian Tracy），長期研究影響個人成就的關鍵因素，經過長達二十年研究與親身實踐證明，提出以下結論：「清楚寫下願景目標，規畫詳細的行動計畫，一生只做符合目標的行為，這就是所有成功者贏的秘訣。」

根據這項結論，伯恩崔西發展出先進的個人生涯規劃技術，稱爲「個人策略規劃」（Personal Strategic Planning），簡稱PSP，它是把軍事以及商業的策略規劃理論，應用於個人的生涯計畫，提供完整的理論架構、策略方法與應用技術，能有效幫助個人快速達成目標。

伯恩崔西爲「個人策略規劃」所下的定義是，「爲了解決問題或是達成目標，所做的策略性思考與計畫」，就像軍事戰略的目的，是爲了提高作戰勝利的公算，商業策略規劃的目標，是爲了提高資本的投資報酬率，個人策略規劃的目的是爲了提高個人時間與能量的投資報酬率，增加成功的機率。

個人在工作生涯中投入的個人資本，包括時間、精神、心理、以及體力等四種資本，個人策略規劃的焦點，在於系統性思考，如何提高個人資本的投資報酬率，改善個人的收入與生活品質。個人策略規劃的觀念近年來在美國非常受到推崇，美國另一位領導學專家，也是暢銷書《THINKING FOR A CHANGE》的作者，約翰麥克斯威爾（John C. Maxwell），在書中直接點出：「一個人如果不希望失敗是人生的一個選項，沒有什麼比策略規劃更能幫助他避免失敗。」

伯恩崔西建議，每個人必須儘早發現自己的人生目標，做好個人策略規劃，並且定期檢視自己的策略計畫是否正確，檢視的重要時機包括：

★當你不清楚人生的目標，失去生活方向感。

★當你無法從工作與生活當中獲得想要的成果。

★當你感到工作與生活的挫折與不滿。

★當你覺得工作愈來愈辛苦、工作壓力愈來愈大，可是成果與收穫愈來愈少。

個人策略規劃，像軍事戰略、商業策略一樣，都遵循相同的GOSPA方程式，G（Goal）代表總目標（或稱戰略目標），O（Objective）代表次目標（戰術目標），S（Strategy）是策略，P（Planning）是計畫，A（Action）指行動，原理是當你找到未來五年願景目標後，將它切割成數個階段性目標，爲達成階段性目標，你必須設想個人策略地圖，當目標與策略確立後，即進入計劃階段，列出任務清單、排列優先順序組織成一份完整的計畫，立即採取行動，培養天天做的動能，每天一步一腳印朝目標邁進。

另外，個人策略規劃有三個很重要的原則：

一、目標清楚原則（clarity principle）：

多數人最大的問題就是不知道自己要什麼？不清楚如何設定目標。找尋目標必須從以下三個方向去尋找：價值觀、願景、天賦特長，三者是決定目標（Goal）的三個重要基礎，稱之「目標的三角定位儀」，當你清楚自己的價值觀、願景、天賦特長，你就能夠清楚地找到自己的生涯目標。

二、聚焦原則（focus principle）：

當你絕對清楚自己的生涯目標之後，選擇最重要的任務，集中所有時間、精神、體力、資源，聚焦於完成最重要的任務，聚焦思考法，就像雷射的原理，將幾瓦特的能量聚集於一點，可以產生強大的能量，足以切割堅硬的鑽石。

三、專注原則（concentration principle）：

每次專心處理一件事（single-handling on each task），一次選擇一件最重要的工作，全心專注的做，直到百分之百的完成，過程中避免分心去做別的事情，盡量避免中斷或是暫停，避免任何的打擾，可以提高工作的效率，可以節省50％以上的時間。

微軟創辦人比爾蓋茲說：「唯有簡單專注才能成就一流的事業」，的確，在複雜、多變、競爭激烈的環境中，「簡單專注」是最高明的策略，應用個人策略規劃能夠簡化生活、聚焦力量，爲自己創造最高的成功機率。

成功者的對話

* 清楚寫下願景目標，規畫詳細的行動計畫，一生只做符合目標的行爲，這就是所有成功者贏的秘訣。
* 一個人如果不希望失敗是人生的一個選項，沒有什麼比策略規劃更能幫助他避免失敗。
* 唯有簡單專注才能成就一流的事業。

你要什麼才重要

從how to get it回歸到what do you want

只要發現自己的生命焦點，找出達成生命目標所需要的知識與技能，集中注意力，養成每天練習的習慣，在1000天後就可以如願達成任何你所想要的目標。

個人策略規劃專家伯恩崔西

人生其實像一場旅行，就時間的序列而言，出生是旅行的開始，而死亡是旅行的結束，你我都曾旅行過，旅行都有一個目的地，它可以是人潮聚集的花都巴黎、紐約百老匯、東京迪士尼，也可以是人跡罕至的尼泊爾及沙哈拉沙漠。每個人喜好或許不同，但無論你選擇哪個地方當成你的旅遊目的地，在邏輯上，應當是先選擇了目的地，然後才開始規劃旅遊行程，著手進行各項旅遊準備。但是許多人的人生卻是像一本荒謬的旅遊手記，目的地都還沒有選擇，卻急著找尋最便捷的交通工具、最佳的旅行方案。

現代人最大問題是：從小父母、學校逼著唸書、上學、補習、考試、升學、就業，一生都在學"how to get it"的技能，但卻不知道自己真正要什麼。"what do you want"這門課，學校不曾教過，父母親也不重視，很多人因此花費了多年的時間，走過無數曲折的冤枉路，才在驀然回首的一瞬間，了悟到自己眞正要什麼，重新規劃他的人生道路；但是，有更多的人一輩子都沒有找到自己要什麼，過著抱怨、不滿、虛無的日子，直到生命結束時，一生都在原地打轉，卻未曾眞正開始人生的旅行。

天下出版的《WORK SHOW》書中，有三則令我印象深刻的故事，要推薦給大家：

第一則故事：猛烈工作的日本著名漫畫家弘兼憲史

日本著名漫畫家弘兼憲史是以漫畫抒寫政論、企業運作、上班族生活的日本第一人，以「人間交叉點」、「課長島耕作」、「政治最前線」得到無數獎賞，「課長島耕作」系列在日本的銷售量超過一千五百萬本，在台灣的讀者甚至在網站設置專屬討論區。弘兼憲史以獨特說故事的能力與人文關懷，加上對公共事務的深入了解，編繪出探討理論又好看的漫畫，在他的漫畫裡，可以看到日本上班族的一生。

他的成功源自猛烈工作，年輕時每天只睡三個小時，現在才增加到六個小時，令他感到快樂的事，就是畫漫畫、構思漫畫的內容，他說：「最好是找到一個你喜歡的工作，而且不要和別人比較，你做自己所能做到、最好的工作，這就是最好的人生。你盡力去生活，這就是幸福。設定目標是設在你要把腳尖踮起來，手要伸出來，才能達到的目標。我正是用這樣的方式，努力開創我的人生。」

第二則故事：一年看三百部電影的法國郵差布魯諾

布魯諾．密其爾（Bruno Michel），來自法國中部，高中畢業沒有考上大學，考了兩次特考，才成為郵差，在巴黎第五區送信，一送就是十五年，問他會不會感到厭倦，「要說我對這份工作有多熱情，那倒沒有，但是我不討厭這份工作，至少我不會每天起床就皺眉頭。」布魯諾很誠實的回答，他會在工作中找尋屬於自己的樂趣。

布魯諾從來沒有考慮換工作，因為中午以後的自由時間，讓他到塞納河畔曬太陽，也可以一個人去看電影，他酷愛電影，因為「電影讓我發現另一個世界。」他一年大概看上三百部電影。布魯諾在工作上沒有野心，從不曾想要報考主管特考，他不想當上主管後，必須長時間工作，犧牲當郵差最大的好處——自由。他覺得懂得滿足現狀也是一種幸福，問布魯諾有什麼夢想，他說：「我沒有什麼了不起的夢想，就是過得好吧。」

第三則故事：把人生轉到一條比較接近自己的路——海運公司經理依莎貝拉

依莎貝拉‧高絲（Isabelle Gasset），一位法國的「五年級生」，來自地中海邊的海港大城馬賽。金髮藍眼，單身的她在巴黎買了房子，也有車子，在一家日本海運公司擔任經理，是個收入不錯的工作。她的成長過程跟許多台灣年輕人非常類似，從小的使命就是更上一層樓，她說：「從小就被教導要出人頭地，我爸媽說：『我們受苦、節省沒有關係，但是你們一定要優秀。』我從小的使命，就是盡全力發揮我的能力，更上一層樓。」

二十四歲從馬賽高等商業學院畢業後，到台灣學了一年中文，之後一腳踏入航運業界，十多年來一直從事航運代理的專業工作。依莎貝拉剛踏入職場時很有野心，她想讓別人肯定自己，甚至希望有一天成爲總裁，「那時，我的優先順序就是賺很多錢，買一棟房子，有安全感，要一直往上爬」依莎貝拉說，可是經過十多年在職場的奮鬥，她有些疲乏，經常問自己「在生活中，最優先的順序到底是什麼？」，如今她想要的是「留在愛我的人身邊，腳步稍稍慢下來，可以重新找回星期六的幸福。」

現在依莎貝拉不再加班，但是只要是上班時間她會隨時上緊發條，絲毫不鬆懈，用自己的專業與工作成績克服「老闆不下班，我就不敢走」的恐懼，每天準時五點半下班，每年休五星期的假，「我感興趣的是目標，不是工作方式，一旦知道目標，我希望用最簡單、最快的方式去完成。」依莎貝拉說，「十四年的工作經驗，讓我學到最寶貴的一件事，就是自信。」

以上三則故事代表三種生涯抉擇的典範，弘兼憲史找到自己一生都喜歡的工作，所以能夠猛烈的工作，盡力的生活，追求一種享受工作的幸福；法國郵差布魯諾選擇做個生活哲學家，把工作當成生命中的一小部份，沒有過高的期待，也沒有討厭，生命的第一等重要，是享受陽光，享受自由，享受一生所愛的音樂與電影；對依莎貝拉而言，工作雖然不是她的最愛，但是她選擇以專業的自信，把工作與生活做清楚的切割，讓人生轉到一條比較接近自己的路。

未來是一個專業化的社會，網路科技與終生學習教育機構將蓬勃發展，學習專業技能的機會與資源日趨普及，實在沒有必要從小忙著補習，忙著升學，忙著找工作，美國著名的生涯顧問伯恩崔西（Brain Tracy）指出：只要發現自己的生命焦點，找出達成生命目標所需要的知識與技能，集中注意力，養成每天練習的習慣，在1000天後就可以如願達成任何你所想要的目標。因此，想要成為一個快樂的專業人，最首要的是要真誠地找尋並且回答“what do you want”的問題，只有找到自己真正想要的興趣、工作及生活方式，才可能集中心力與資源，學好“how to get it”的專業技能，這就是個人生涯策略規劃的精髓。

如何找到自己真正的志趣及喜歡的生活方式，以下的方式可提供各位參考：

1. 經常靜坐或獨自散步，練習傾聽自己內心的聲音。

2. 暫時放空自己，放下工作，到國外遊學一段時間，放大視野後，再回頭審視自己的生命定位。

3. 從專心做自己感興趣的事著手，感受猛烈工作的樂趣。

4. 從簡化生活開始，放慢生活的節奏，讓自己有更多自由的時間，用於思考，用於閱讀，用於改變。

5. 找出自己的價值序列，用一張白紙，列舉出所有自己認爲重要的價值觀，在所有價值觀中，找出最重要的三個價值，並且依據重要性及強迫選擇的方式，列出自己的價值序列，做爲思考及決斷的標準。

6. 簡化自己的生命目標，因爲人的時間與生命有限，不可能同時完成所有目標，因此必須設法找出生命的核心目標，你可以用一張白紙，列舉出所有你想達成目標，再從這些目標中，挑選四個（最多五個）最想達成的目標，當成你的生命焦點，集中時間、精力與資源，全力去追求。

小學時，你一定寫過一篇作文叫做「我的志願」，現在你也許是二十歲，也許是三十歲，也許是四十或是五十歲，我認爲眞正成熟到有資格寫這篇作文，應該就是這時候的你，因爲你已經開始懂得思考"what do you want"了。

成功者的對話

*最好是找到一個你喜歡的工作，而且不要和別人比較，你做自己所能做到、最好的工作，這就是最好的人生。你盡力去生活，這就是幸福。設定目標是設在你要把腳尖踮起來，手要伸出來，才能達到的目標。我正是用這樣的方式，努力開創我的人生。

*我感興趣的是目標，不是工作方式，一旦知道目標，我希望用最簡單、最快的方式去完成。

*只要發現自己的生命焦點，找出達成生命目標所需要的知識與技能，集中注意力，養成每天練習的習慣，在1000天後就可以如願達成任何你所想要的目標。

Part 2
個人策略v.s願景目標

失敗者通常把思考聚焦於生存上，普通人將思考聚焦於維持現狀上，成功者將思考聚焦於進步上。

五年的生命願景

失敗者通常把思考聚焦於生存上，普通人將思考聚焦於維持現狀上，成功者將思考聚焦於進步上。

約翰麥斯威爾

願景是成功的要件，也是領袖必備的特質。人生有一項鐵律說：「一個人花大部分時間在想什麼，他會變成那樣的人」，誠如美國領導學專家約翰麥斯威爾（John C. Maxwell）寫道：「失敗者通常把思考聚焦於生存上，普通人將思考聚焦於維持現狀上，成功者將思考聚焦於進步上。」成功者與普通人最大的差異在於，成功者的大部分時間都用在思考未來的理想與願景上，所以他們能不斷地進步，最終能成為自己心目中的理想的人物。相反地，普通人成天只想著如何生存、如何保有現狀，所以一生的境遇正如他們內心所想的一樣。

在美國，某個研究機構做過三千三百個關於領袖特質的研究，多數的研究發現：偉大的領導人都有一個共通的特質，那就是他們都擁有願景，沒有一個例外。偉大的領導人把大部分的時間都花在思考未來，思考自己未來要走的路，以及現在要做什麼才能達成未來理想的目標。

所以，願景思考是每一位想獲得成功或是成爲領袖的人必須學習的思考模式。

以下這則網路流傳的故事，非常傳神地闡釋個人策略規劃中五年願景思考的精隨，與大家分享。

著名歌手李恕權，一九七六年，當時他才十九歲，在休士頓太空總署的太空梭實驗室裡工作，同時也在總署旁邊的休士頓大學主修電腦。縱然忙於學校、睡眠與工作之間，但是只要有多餘的時間，他總是會把所有的精力放在音樂創作上。

當時他認識一位善寫歌詞的搭檔，名字叫凡內芮（Valerie Johnson），與他一起合作創作，凡內芮知道李恕權對音樂的執著。然而，面對那遙遠的音樂界及整個美國陌生的唱片市場，兩人一點管道都沒有，也不知道下一步該加何走。

有一次，李恕權到凡內芮家的牧場烤肉，凡內芮突然冒出了一句：「想像你五年後在做什麼？」（Visualize What you are doing in 5 years ？），手指著李恕權說：「嘿！告訴我，你心目中『最希望』五年後的你在做什麼?你那個時候的生活是一個什麼樣子？」，接著又搶著說：「別急，你先仔細想想，完全想好，確定後再說出來。」

李恕權沉思了幾分鐘，開始告訴她：「第一 ：五年後我希望能有一張很受歡迎的唱片在市場上發行，可以得到許多人的肯定。第二：我要住在一個有很多很多音樂的地方，能天天與一些世界一流的樂師一起工作。」

凡內芮說：「你確定了嗎？」，李恕權慢慢穩穩地回答，而且拉了一個很長的Yessssss！凡內芮接著說：「好，既然你確定了，我們就把這個目標倒算回來。」，「如果第五年，你要有一張唱片在市場上發行，那麼你的第四年一定是要跟一家唱片公司簽上合約。」，「你的第三年一定要有一個完整的作品，可以拿給很多很多的唱片公司聽，對不對？」，「你的第二年，一定要有很棒的作品開始錄音了。」，「你的第一年，就一定要把你所有要準備錄音的作品全部編曲，排練就位準備好。」，「你的第六個月，就是要把那些沒有完成的作品修飾好，然後讓你自己可以逐一篩選。」，「那麼，你的第一個月就是要把目前這幾首曲子完工。」，「你的第一個禮拜，就是要先列出一整個清單，排出哪些曲子需要修改，哪些需要完工。」「好了，我們現在不就已經知道你下個星期一要做什麼了嗎？」凡內芮笑笑地說。

「喔，對了。你還說你五年後，要生活在一個有很多音樂的地方，然後與許多一流樂師一起創作，對嗎？」她急忙地補充說。

「如果，你的第五年已經在與這些人一起工作，那麼你的第四年，照道理應該有你自己的一個工作室或錄音室。你的第三年，可能是先跟這個圈子裡的人在一起工作。那麼你的第二年，應該不是住在德州，而是已經住在紐約或是洛杉磯了。」

次年（一九七七年），李恕權辭掉了令許多人羨慕的太空總署的工作，離開了休士頓，搬到洛杉磯。恰好五年，但大約可說是第六年。一九八三年，李恕權的唱片在亞洲開始暢銷起來，一天二十四小時幾乎全都忙著與一些頂尖的音樂高手，日出日落地一起工作。

進行個人策略規劃的願景思考時，有兩個重要步驟：第一步、思考自己五年生命願景，第二步、從未來向現在逆推思考。管理學大師彼得杜拉克說：「人往往會過度高估一年內所能做的事，但卻嚴重低估未來五年所能完成的事。」在進行個人願景思考，可以運用「未來導向」、「長期觀點」、「理想化」三個思考面向，把思緒投射到五年後，假設完美的情況下，不設任何自我限制，想像自己擁有所有的能力及資源，你希望五年後理想的生活方式是什麼，描繪個人的「五年願景」，五年是個適當的長期距離，如果能思考到十年、甚至二十年，效果更好。接著，把思考的焦點拉回到現在，轉化成每一年具體的階段目標（goals & objectives），以及短、中、長期的行動計畫，並且立刻採取行動，養成每天做的習慣，如此五年後願景就能順利實現。

成功者的對話

*願景是成功的要件，也是領袖必備的特質。

*一個人花大部分時間在想什麼，他會變成那樣的人。

*失敗者通常把思考聚焦於生存上，普通人將思考聚焦於維持現狀上，成功者將思考聚焦於進步上。

*人往往會過度高估一年內所能做的事，但卻嚴重低估未來五年所能完成的事。

可能性思考法帶來無限可能

人與夢想之間的距離，只在於他是否願意去嘗試，並且深信夢想是可能實現的。

美國億萬富豪 李察帝夢思

美國億萬富豪創業家李察帝夢思（Richard M. DeVos）說：「人與夢想之間的距離，只在於他是否願意去嘗試，並且深信夢想是可能實現的。」，美國著名作家尼爾森包斯威爾（Nelson Boswell）說：「邁向成功的第一步，也是最重要的一步，就是預期我們一定會成功。」同樣在思考目標與願景時，「可能性思考」經常是決定你是一位普通人或是成功者最大的差別因素。

以下是一則在網路流傳關於「可能性思考」的小故事：

某個小學的作文課上，老師給小朋友的作文題目是：「我的志願」。一位小朋友非常喜歡這個題目，在他的簿子上，飛快地寫下他的夢想。他希望將來能擁有一座佔地十餘公頃的莊園，在壯闊的土地上植滿如茵的綠草。莊園中有無數的小木屋、烤肉區及一座休閒旅館。除了自己住在那兒外，還可以和前來參觀的遊客分享自己的莊園，有住處供他們歇息。

寫好的作文經老師過目，在這位小朋友的簿子上被劃了一個大大的紅「X」，再發回到他的手上，老師要求他重寫。小朋友仔細看了看自己所寫的內容，並無錯誤，便拿著作文簿去請教老師。

老師告訴他：「我要你們寫下自己的志願，而不是這些如夢囈般的空想，我要實際的志願，而不是虛無的幻想，你知道嗎？」小朋友據理力爭：「可是，老師，這眞的是我的夢想啊！」，但老師也堅持：「不，那不可能實現，那只是一堆空想，我要你重寫。」

小朋友不肯妥協的告訴老師：「我很清楚，這才是我眞正想要的，我不願意改掉我夢想的內容。」老師搖頭：「如果你不重寫，我就不讓你及格，你要想清楚。」小朋友也跟著搖頭，不願重寫，而那篇作文也就得到了大大的一個「E」。

事隔三十年之後，這位老師帶著一群小學生到一處風景優美的度假勝地旅行，在盡情享受無邊的綠草，舒適的住宿，及香味四溢的烤肉之餘，他望見一名中年人向他走來，並自稱曾是他的學生。

這位中年人告訴他的老師，他正是當年那個作文不及格的小學生，如今，他擁有這片廣闊的度假莊園，眞的實現了兒時的夢想。老師望著這位莊園的主人，想到自己三十餘年來，不敢夢想的教師生涯，不禁喟嘆：「三十年來爲了我自己，不知道用制約改掉了多少學生的夢想。

而你，是唯一保留自己的夢想，沒有被改掉的。」

其實，一般人就像故事中這位老師一樣，患有「自我設限」的思考障礙，低估自我的潛能，懷疑自我的能力，並且經常會把「自我設限」的想法，投射在別人身上，就像這位老師堅持學生的夢想不可能實現一樣，這樣的人將思考聚焦在「不可能」之上，因此看不見「可能」的機會與資源，所以也就「不可能」會成功。

成功者的想法正好與普通人相反，成功者具備可能性的思考能力，不管別人怎麼說，他們始終相信自己的夢想有可能實現，就像領導學作家約翰麥克斯威爾（John C. Maxwell）所說：「如果你打開心胸學習可能性思考法，你將爲自己打開無限的可能性。」

聯邦快遞（FedEx）的創辦人弗雷德史密斯（Frederick Smith），一九六五年在耶魯大學的畢業論文中提出「用飛機送貨物」的商業模式。在當時是只有披薩需要快遞的年代，他的論文被老師視爲無稽之談，並給予C級，險些畢不了業。但是他並不覺得灰心，反而逆向思考，他覺得連老師都這樣認爲，代表這市場沒人看見，很有機會。爲了證明他的信仰是對的，他四處籌資買下二手飛機，在一九七一年準備開始經營時，又面臨政府法令禁止的難題。但他樂觀地認爲，遲早有一天一定會解除，還是積極招募員工，並建立貨運機隊，隔年終於在律師協助下，說服政府開放航空貨運，如今聯邦快遞已經是名列《財星》全球五百大企業。

在思考目標與願景時，必須培養「可能性思考」的能力，破除「自我設限」的心理魔咒，盡量做到理想化（idealization），就像美國個人策略規劃專家伯恩崔西（Brian Tracy）所說：「思考未來時，必須想像自己沒有任何的限制。」

如何跳脫「自我設限」的思考陷阱？約翰麥克斯威爾建議，學習應用以下幾種思考的原則，可以培養可能性的思考力：

一、停止將焦點放在不可能上：

只要你相信可以成功，你就會成功，若是你相信不可能，不可能便會成為事實，這就是可能性思考法的力量。運動心理學家Bob Rotella說：「如果你不想進行正面思考，那也可以，只要去除腦中所有的負面想法，無論剩下什麼都會是好的。」去除不可能的負面想法，就容易培養可能性的思考法。

二、離所謂的「專家」遠一點：

所謂的專家經常是別人夢想的殺手，如果你想要成就某件事，你必須先相信完成這件事是可能的，無論專家怎麼說，不要輕易相信別人所說的不可能。

三、在任何情境下找出可能性：

無論環境爲何，即使處在負面的情境下，依然試圖找出所有的可能性，並且堅持到底，成功往往就蘊藏其中。

四、做大一號的夢：

培養可能性思考法的最好方式，是做比你平常大一號的夢想，大部分的人夢想都不夠大，當你做更大的夢，它會幫助你成長。就像美國企業名人亨利科提思（Henry Curtis）所說：「做計畫時，愈理想愈好，因爲二十五年後回頭看，這些計畫將變得平凡無奇；做計畫時要比第一次計畫至少大十倍，因爲二十五年後，你一定會覺得奇怪，爲什麼當初沒有做出五十倍大的計畫。」

五、質疑現狀：

一般人普遍都有一種矛盾的心態：理想上，都希望持續改善生活，在現實中，則很容易陷入「維持現狀」（comfort zone）的心理陷阱，他們通常忘記：人不可能一方面要改善生活，另一方面又不願意改變，成長意味著改變，改變需要挑戰現狀，當你進行可能性思考時，通常會面臨許多人的挑戰與質疑，許多人會勸你擁抱現狀，但是成功者一定是拒絕接受現狀的。

六、向偉大的成功者學習：

可以從許多偉大的人物身上，學習可能性的思考法，找出你所敬重的偉大人物，研究他們的可能性思考方式。

美國作家約翰赫姆斯說：「千萬不要告訴年輕人說，什麼事是不可能的，或許上帝已經等待好幾個世紀，希望有人能無視於不可能，而去做那件事。」想要成功的人，在艱苦奮鬥的過程中，「自我設限」是內心經常出現的撒旦，只要你記住「千萬不要告訴自己說，什麼事是不可能的，或許上帝已經等待好幾個世紀，希望你能無視於不可能，而去做那件事。」可能性思考法是你抵擋「自我設限」撒旦的唯一十字架。

成功者的對話

*人與夢想之間的距離，只在於他是否願意去嘗試，並且深信夢想是可能實現的。

*邁向成功的第一步，也是最重要的一步，就是預期我們一定會成功。

*如果你打開心胸學習可能性思考法，你將為自己打開無限的可能性。

*思考未來時，必須想像自己沒有任何的限制。

*如果你不想進行正面思考，那也可以，只要去除腦中所有的負面想法，無論剩下什麼都會是好的。

*做計畫時，愈理想愈好，因為二十五年後回頭看，這些計畫將變得平凡無奇；做計畫時要比第一次計畫至少大十倍，因為二十五年後，你一定會覺得奇怪，為什麼當初沒有做出五十倍大的計畫。

*千萬不要告訴年輕人說，什麼事是不可能的，或許上帝已經等待好幾個世紀，希望有人能無視於不可能，而去做那件事。

思考願景的策略

偉大的夢想是驅動人類靈魂的力量。

有一首歌詞說：「如果你想要實現夢想，你必須先有夢」，夢想與願景是驅動人類不斷向前邁進的力量。

大部分成功者都是白手起家的人，開始都是一無所有，夢想與願景是他們唯一擁有的東西。他們與一般人最大的不同是，他們敢於作人生的大夢，更懂得願景思考的策略。

成功者通常會在腦海中，先想像未來的願景，讓願景激發生命熱情，驅動自己不斷超越障礙，一步一步向目標邁進，最終獲得成功的果實，想要成功的人首先要向成功者學習願景思考的策略。

願景思考的面向

長程願景的策略思考有三個重要的面向，包括：

一、未來導向（future orientation）：

領導人的共同特徵就是擁有願景，他們可以預先看見理想的未來，並且在當下努力工作去實現他們的願景。

成功者非常清楚自己是誰、自己想要什麼、以及如何去獲得想要的目標。他們花大部分的時間思考未來，思考未來自己眞正想要什麼，思考未來的人生道路要通向哪裡，思考未來想完成什麼事，思考現在要做什麼事，才能實現未來的夢想或是目標。

二、長期觀點（long-term perspective）：

哈佛大學社會學家艾德華・班菲爾德（Edward Banfield），一九六五年在《*Unheavenly City*》一書，提出他經過五十年研究的發現，指出：「長期觀點的思考是決定個人事業及財富成就的關鍵因素」，他對「長期觀點」的定義是「有能力在未來幾年的思考框架下來決定目前要做什麼」，就像下圍棋一樣，你對未來設想得愈遠，你現在決策的正確機率就愈高。

他的研究發現，成功的人都有長期的時間觀點，當他們做計劃、做決定時，會考慮到五年、十年、甚至二十年後的影響。例如英國的上流社會有一個傳統，他們會在孩子出生不久，就會替孩子申請劍橋或是牛津大學的入學申請登記。在美國，許多父母在孩子出生不久，就會替小孩開立一個大學學費的儲蓄帳戶，然後定期儲蓄，爲小孩準備好足夠的教育基金。

如果你採取的時間觀點愈長，且能犧牲短期的享受，長期而言，你將能創造偉大的成就，例如，在每一個社會，醫生一直都是最受人尊敬的專業，那是因為要成為醫生平均要花十二年辛苦地讀書、研究與工作。

班菲爾德也發現：經濟社會階級愈低的人，他們時間的觀點愈短，例如普通受薪階級的時間觀點平均是兩個月，社會底層的酗酒或是吸毒者，他們的時間觀點往往不會超過一小時。

長期的時間觀點可以改善短期的決策品質。當你決定短期優先順序時，你必須分析決策對長期未來的影響，對未來影響愈大的決策就是愈重要的決策。好比把人生看成一場長程的爬山活動，你必須定期停下腳步，抬頭遠望山的頂峰，然後調整你的步伐，確保你的每一個腳步是朝向山峰邁進。

三、理想化（idealization）：

敢於做人生的大夢，替未來築一個完美的夢想，把你的思緒投射在未來的五年、十年後，想像你是宇宙最有力量的人，擁有一切能力、機會與資源，在完美的條件下，你可以創造任何理想的生活方式，你想要的未來生活會是什麼樣子。

「自我設限」的想法是願景思考最大的障礙，像是害怕失敗、害怕被別人批評、認爲自己不夠好、認爲不可能完成……等等的想法，會使人喪失信心、勇氣與熱情，這是一般人最常遇到的問題。

願景思考必須打破「自我設限」的想法，思考未來時，必須像仰望藍色的天空一樣，想像自己沒有任何的限制，想像未來有無限的可能，想像自己擁有無限的潛能，想像自己可以完成任何偉大的夢想。

願景的思考程序

有效的願景思考方法，有三個重要的步驟，包括想像願景、描繪願景以及回到現實，這是一套 step by step，有效、可操作的方法：

步驟一、想像願景：

彼得杜拉克說：「人通常會過度高估自己一年內所能完成的事，但是往往會嚴重低估在五年內所能完成的事。」進行個人策略規劃時，先要想像五年後的人生願景。

運用「思考未來」、「長期觀點」、「理想化」三個思考面向，把思緒投射到五年後，在完美的情況下，不設任何自我限制，想像自己擁有所有的能力及資源，你希望五年後理想的生活方式是什麼，創造個人的「五年人生願景。」五年是個適當的長期距離，如果能思考到十年、甚至二十年，效果更好。

步驟二、描繪願景：

希臘哲學家說：「生命的意義在於追尋永恆的快樂」，快樂的人生是一種追求工作、家庭及自我心靈的平衡發展與向上提昇的過程，所以人生的願景大體上可分為六個方面：工作願景、財務願景、家庭願景、健康願景、社會成就願景、個人成長願景，這六個願景彼此聯動相互影響。

將腦海中的理想景象，採取「夢想清單」的方法描繪下來，可單獨運用文字或圖案的方式，或是應用兼採文字與圖案的心智圖法（mind-mapping），描繪五年後六大人生願景，描述愈清晰、愈生動、愈具體，激勵人心的效果愈強。

步驟三、從未來向現在逆推思考：

當你清楚描繪五年專業願景後，將思緒拉回到現況，就如同想像自己五年後站在山的頂峰，從上往下俯瞰，找到現在仍在山谷裡的我。以達成五年願景作為目標，評估現況與願景目標之間的距離，分析二者之間的障礙，決定現在要做什麼以及如何做，才能達到未來的理想。

最後跟大家分享一則偉大雕塑家米開朗基羅描繪願景的故事，在義大利佛羅倫斯有一間博物館，專門展覽米開朗基羅(Michelangelo)在幾百年前完成的「大衛」雕像，這是世界上最偉大的雕刻藝術品。米開朗基羅雕刻「大衛」有一段有趣故事。

當時義大利最富有、也是最具權勢的名人梅底西斯(Medicis)雇用米開朗基羅，要他雕刻一尊放在佛羅倫斯中央廣場的塑像。對米開朗基羅而言，這不僅是一項殊榮，也是一項絕不容許失敗的神聖任務。

米開朗基羅花了整整兩年的時間，四處去搜尋可以用於這項任務的巨石。他最後終於在佛羅倫斯的街上，發現了一大塊大理石，數年前人們把它拖下山後便放在街頭，當時仍被架在木頭支架上，石塊上覆滿了灰土，長滿了雜草。於是米開朗基羅差人將石塊拖回工作室，之後便花了整整兩年的時間去錘打、鑿刻，才完成雕像的粗略形態，接著，他又再花了兩年的時間用砂紙細磨和打上光澤。

當費時四年鉅作「大衛」即將發表的消息，傳遍了義大利的街頭巷尾。數千名來自義大利各個角落的人們，齊聚佛羅倫斯廣場，無非就是爲了想要一睹「大衛」風采，當帳幕掀開的一剎那，人們驚歎於那巨大雕像所呈現出的鬼斧神工，淋漓盡致之美更讓所有人屏氣凝神，讚嘆不已，許多人甚至因為過度興奮而幾乎暈眩過去。

米開朗基羅在「大衛」發表之後，即刻被公認為當代最偉大的雕刻家。之後，有人便問米開朗基羅如何能創造此不朽的鉅作？米開朗基羅答道，在開始工作前，他已看見在巨石內完美無瑕的「大衛」，他所做的事只是拿掉那些不屬於「大衛」那一部份的石塊而已。

夢想清單（Dream List）

A 想像五年後的工作願景：想像五年後，理想的工作生活是什麼樣子，試著回答以下的問題：

1. 五年後，你在做什麼工作？
2. 五年後，你在什麼地方工作？
3. 五年後，你和什麼樣的人一起工作？
4. 五年後，你擔任什麼階層的職務？
5. 五年後，你擁有什麼樣的工作能力與專業技能？
6. 五年後，你正在完成什麼工作目標？
7. 五年後，在你的工作或專業領域佔有什麼地位？

B 想像五年後財務願景：想像五年後，理想的財務狀況是什麼樣子，試著回答以下的問題：

1. 五年後，你每年的收入是多少？
2. 五年後，你過的是什麼樣的生活水準及生活型態？
3. 五年後，你住什麼樣的房子？
4. 五年後，你開什麼樣的車子？
5. 五年後，你提供什麼樣的物質生活給你的家人？
6. 五年後，你的銀行存款有多少錢？
7. 五年後，你每年、每月存多少錢，投資多少錢？
8. 五年後，你希望在退休後，身價是多少錢？

C 想像五年後家庭願景：想像五年後，理想的家庭生活是什麼樣子，試著回答以下的問題：

1. 五年後，你會跟哪些家人生活在一起？
2. 五年後，你的婚姻生活是如何？
3. 五年後，你的家佈置成什麼樣子？

4. 五年後，你的家庭過著什麼樣的生活水準？
5. 五年後，你與家人是如何相處？
6. 五年後，你跟家人住在什麼樣的地方？
7. 五年後，你跟家人到哪些地方去旅行？
8. 五年後，你有多少時間陪家人？

D 想像五年後個人健康願景：想像五年後，理想的健康狀況是什麼樣子，試著回答以下的問題：

1. 五年後，你的健康體檢表上是如何記載？整體健康狀況是如何？
2. 五年後，你的體重是多少？腰圍是多少？
3. 五年後，每週你運動幾次？做什麼運動？
4. 五年後，你在飲食及生活習慣是如何？

E 想像五年後社會成就願景：想像五年後，理想的社會成就是什麼樣子，試著回答以下的問題：

1. 五年後，認識你的人是如何評價你？
2. 五年後，你結交的朋友是哪些人？

3. 五年後，你參加哪些團體？扮演什麼角色？
4. 五年後，你參加什麼樣的社交活動？
5. 五年後，你對社會有什麼貢獻？
6. 五年後，你的個人聲譽是如何？

F 想像五年後個人成長願景：想像五年後，理想的個人成長生活是什麼樣子，試著回答以下的問題：

1. 五年後，你一年有多少進修的時間？
2. 五年後，你每天、每月、每年看多少本書？看哪一類的書？
3. 五年後，你專注的興趣與活動是什麼？一年投入多少時間？
4. 五年後，你採取什麼方式追求生命能量的提升？
5. 五年後，你想變成哪一位內心崇拜的人物？你的典範人物是誰？我做哪些跟典範人物所曾做過相同的事？
6. 五年後，你養成哪些對個人成長有幫助的習慣？

目標清楚才會擁有力量

成功有三個要件，它們是目標清楚、目標清楚、目標清楚。

「目標原則」是個人策略規劃的首要原則，這個原則說：目標清楚程度與成功的機率之間，有著因果關係的致果性。也就是說，目標愈清楚，達成的機率就愈高。好比射箭一樣，當你把眼睛蒙起來，看不見標靶，射中標靶的機率，幾乎等於零，如果射箭者有深度近視，看不清楚靶心，射中靶心的機率，不能說沒有，但是機率非常低。

個人策略規劃有三個最重要的核心原則：目標清楚（clarity）、聚焦（focus）與專注（concentration），從過程而言，當目標清楚，任務就會變得單純（simple），清楚的目標與單純的任務就會成為所有力量集中的焦點，根據物理原則，只要力量聚焦、集中，就會產生強大能量，接著只要專注於執行，堅持到底，就能夠達成任何的目標。所以，個人成功的關鍵，在於清楚認知自己的目標，如同美國成功學作家Napoleon Hill 所說：「無論人類的內心相信或是認知什麼，它就一定可以被完成。」

歷史上重大戰役中，許多偉大的將領，都善於應用此一原則，使他們創造最大的勝算，贏得戰爭最後的勝利。二次世界大戰期間，馬歇爾將軍派遣艾森豪到倫敦接任盟軍總司令時，艾森豪將軍的戰略目標，只有三句話，「前進倫敦，入侵歐洲，打敗德國」，艾森豪依據這十二個字的清楚目標，領導數百萬盟軍部隊，完成偉大任務，改寫整個人類的歷史。

在一九九一年，波灣戰爭期間，史瓦茲柯夫將軍被派遣接任聯軍總司令時，他的目標更清楚、更簡單，就是一句話：「把伊拉克部隊逐出科威特。」當時美國空軍對伊拉克空軍的戰術目標，也是簡單到令人印象深刻，就是「只要起飛，它就死定了。」

今年九月一日，宏碁集團董事長施振榮宣布，將現任國際營運總部總經理蔣凡可蘭奇（Gianfranco Lanci），擢昇爲Acer的總經理，要借重蘭奇在歐洲重振Acer雄風的能力，將Europe Mode複製到全世界。蘭奇在二〇〇〇年從負責義大利地區的總經理，被升爲宏碁歐洲跟中東北非（Acer EMEA）區域的總經理，在短短三年半之內，就把Acer筆記型電腦的市場佔有率，推升到全歐第一名，打敗多年來高高在上的HP。

蘭奇在接受訪問時表示：專注才是做好生意的不二法門，「只有專注（Focus），沒有魔術（Magic）。」，他的目標簡單清楚，他說：「我希望在三年內，讓Acer成爲全球個人電腦前三大的品牌」，「在二〇〇七年，我希望Acer的業績能達到一百億美元（約三千四百億新台幣），我們要用『非直銷』的營運模式，挑戰戴爾、惠普和IBM！」，專注於實現清楚的目標，就是蘭奇成功致勝的秘訣。

根據調查，只有3％的人清楚自己的目標，曾經寫下自己的人生目標與詳細的行動計畫，這些人都是各行各業頂尖的成功人士，他們的成就（尤其是財務成就）是一般人的五到十倍。如果你想成為前3％的社會菁英，要牢牢記住一句話：「成功有三個要件，它們是目標清楚、目標清楚、目標清楚。」

成功者的對話

*目標愈清楚，達成的機率就愈高。
*無論人類的內心相信或是認知什麼，它就一定可以被完成。
*只有專注（**Focus**），沒有魔術（**Magic**）。
*成功有三個要件，它們是目標清楚、目標清楚、目標清楚。

如何找尋人生的目標

找到可以為你們指引人生方向的基本原則及價值信念，然後忠於它，守住它，別忘了你是誰，要騎著馬兒上高原。

哈佛大學商學院院長金克拉克（Kim Clark）

有一個學生問一位哲學大師說：「大師，你能不能告訴我，什麼是我應該做的正確的事？」大師回答說：「如果你告訴我你的目標是什麼，我就能告訴你，什麼是正確的事。」，找尋人生的目標，是每個人一生中最重要的決定，愈早知道自己要什麼，愈清楚自己的目標，就愈能夠做出正確、聰明的決定。

在美國曾經做過一項調查，這項調查對象包含數百位白手起家的企業主和成功的專業人士，訪談的題目是：「什麼是對其一生影響最大的聰明（intelligent）行爲？」大多數的受訪者都回答：「一生只做符合自己目標的事，就是聰明的行爲。」

個人策略思考是一種以目標爲中心的聚焦思考法，個人策略規劃最重要的步驟是找尋人生目標，因爲缺少目標的人生，就像缺少羅盤與方向舵的船隻，只能在茫茫大海中隨波逐流。沒有目標就會失去生活的方向感，也就無法集中有限的時間、精力與智慧，聚焦於實現特定的人生目標，這樣的人生成就必然是有限的。因此，想要追求成功的人，無論花多少時間，也許長達數年，一定要找到自己眞正想要的目標。

目標的重要性

對成功者而言，目標等於是一切，目標的重要性包括以下幾個理由：

一、目標是成功的要件：

成功者腦海中經常想著兩件事：「我要什麼」以及「我該如何實現目標」，所有成功者都具備強烈的目標導向，他們清楚地知道自己要什麼，根據目標規劃行動，每天專心一意地朝目標邁進，成功機率自然提高。

二、目標賦予方向感：

目標給予人生方向感，沒有目標的人生，既沒有方向感，也無法自我控制，就像在濃霧中開車，無論車子的引擎多麼有力，只能緩慢前行，一不小心，還可能車毀人亡。

三、目標產生熱情：

目標賦予生命意義，生命有意義，存在才有價值，意義與價值正是激發生命熱情的泉源，有熱情才會有動力。目標與熱情使人對未來充滿信心，從內在產生積極、正面的態度，讓生活充滿活力與幹勁。

四、目標激發創意：

追求目標的過程中必然充滿各種限制與障礙，必須想盡各種辦法，解決各種問題，超越各種障礙，才能順利達成目標。當目標愈清楚、愈具體，思考才能聚焦，聚焦的思考有助於激發個人天賦的潛力與創意，進而培養個人達成目標、解決問題的能力。

五、目標使人快樂：

目標達成後，大腦會自動分泌一種化學物質叫做「內啡肽（endorphins）」，這種類似嗎啡的物質，會讓人感到快樂興奮，同時增強個人的自信心與及成就感。當完成的目標愈大、愈困難，大腦就會分泌愈大量的「內啡肽」，讓人有信心挑戰下一個更大、更困難的目標，形成一種生命的良性循環。

找尋目標的思考途徑

一般人最大的問題是不知道自己眞正要什麼，找尋人生的目標不是一件容易的事，有些人甚至花上數十年的時間，才能找到自己想要的目標。前國防部副部長林中斌，當初唸地質是因爲家人一片反對聲中，只好選擇數學最少的地質系，後改學財政是因爲同學建議將實務與所學相結合，一直到卅七歲時，如頓悟般毅然決然由大一唸起，改學政治，經過八年抗戰，終於如願完成喬治城大學政治學碩士、博士學業。林中斌經過十多年的尋覓後，才能遵照自己的心願，義無反顧地朝向目標邁進。

想要成功的人，無論花費多少時間，必須找到自己眞正想要的目標，但是懂得找尋目標的思考途徑的人，可以節省大量的時間，讓你更快地找到自己想要的目標，找尋目標的思考途徑包含以下幾個方向：

一、必須絕對個人化：

選定人生的目標必須從絕對的自私出發，因爲那是你的人生，不必爲別人而活，目標設定首先要問自己：「我的一生，眞正想要做什麼？」，我選定的目標是自己一生眞正想要做的事，不是爲了滿足別人期望，也不是爲了取悅他人。

二、從目標的三角定位儀著手：

願景、價值觀、天賦特長是找尋目標的「三角定位儀」（附圖），眞正的人生目標必須符合個人的願景、價值觀與天賦特長。當你在找尋自己的人生目標時，必須先描繪出理想的人生願景，釐清信仰的核心價值，找到自己的天賦特長，在三者交集的領域中，蘊藏著值得你一生追求的目標。

三、從一般化到具體化，從模糊到清楚：

練習設定目標時，剛開始可先選定一般性的目標著手，從中逐漸篩選出具體的重要目標，可以應用以下的方法做練習：準備一本筆記本，每天在睡覺前，寫下自己的人生十大目標，每次練習都不要參考之前所寫的目標，經過一段時間（至少一個月），你會發現，眞正重要的目標，會重複不斷的出現，而且會愈寫愈具體，從中挑出一個最重要的目標，做爲人生的特定目標（specific purpose）。

四、從焦慮及問題著手：

人生最重要目標的反面，就是目前人生最焦慮的問題，所以在思考眞正目標時，可以從分析令你最焦慮的問題著手，試著問自己：什麼問題使你最焦慮？如何解決問題、消除焦慮？什麼是最快、最直接、最理想的解決方式（solution）。在一一四二年，英國哲學家威廉奧克漢（William Ockham）提出一個叫做「奧克漢剃刀」（“Ockham’s razor”）的問題解決方法，他說：「最簡單、最直接、步驟最少的解決方案，通常是解決問題的最正確的方法」，找到解決生命問題的最直接、最簡單的方法，也就找到人生最重要的目標。

哈佛大學商學院有個悠久的傳統，教授會在最後一堂課講述自己的故事，作爲給學生的畢業賀禮，哈佛大學商學院院長金克拉克（Kim Clark）告訴學生：「我想送給各位簡單的忠告：做明智、正確的選擇，找到可以爲你們指引人生方向的基本原則及價值信念，然後忠於它，守住它。別忘了你是誰，要騎著馬兒上高原。」找尋人生目標，對許多人而言，確實不是一件容易的事，特別是在威權家庭成長的個人，從小父母主導一切，目標都是由別人來定，自己不曾思考眞正要什麼，更擔心家人的反對意見，這樣的人在尋找人生與事業目標時，會花更多時間，遭遇更多阻礙，儘管如此，確立目標是事業發展的起點，無論花多久的時間找尋目標，對一生而言，都是値得的。

決定目標（Goal）的三個基礎

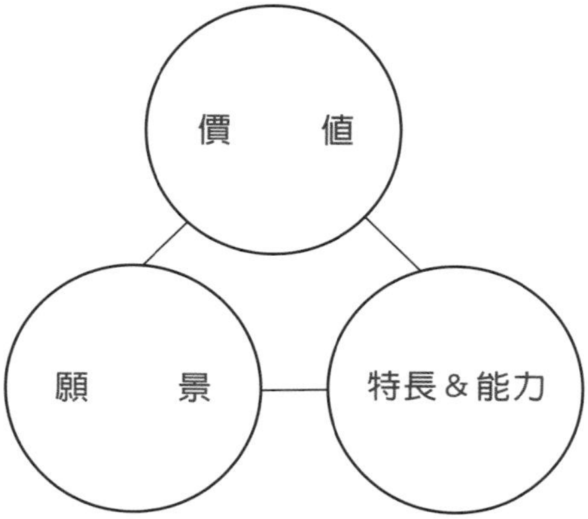

成功者的對話

*一生只做符合自己目標的事，就是聰明的行爲。

*最簡單、最直接、步驟最少的解決方案，通常是解決問題的最正確的方法。

*我想送給各位簡單的忠告：做明智、正確的選擇，找到可以爲你們指引人生方向的基本原則及價值信念，然後忠於它，守住它。別忘了你是誰，要騎著馬兒上高原。

如何設定目標

有效的目標是開啓心靈力量的金鑰，目標必須能透過人腦的知覺過程，先進入意識層次，再植入潛意識，最終能啓動人類神秘的心理力量——超意識。

設定目標對於人生與事業發展之所以如此重要，是因爲當目標被深深植入人的腦中時，它能發揮強大的心靈力量，幫助你順利達成任何目標。

心理學大師佛洛伊德（Sigmund Freud）在一八九五年提出：人類的腦中的知覺功能可分爲三個部分：意識（ego）、潛意識（id）、超意識（super-ego）。有效的目標必須能透過人腦的知覺過程，先進入意識層次，再植入潛意識，最終能啓動人類神秘的心理力量——超意識。

有效目標是開啓心靈力量的金鑰

有效目標可以發揮以下三種心靈力量：

一、強化意識能力：

每個人的腦內有一個特殊的器官叫做網狀皮質（Reticular Cortex），它的形狀像指頭般大小，它的功能像是一部電話交換機，所有外界的訊息必須先轉到網狀皮質，再透過腦神經傳達到腦的其他部位，產生意識狀態。網狀皮質有一種網狀感應系統（Reticular Activating System），當你將重要目標的訊息輸入網狀皮質，網狀感應系統會自動形成警戒狀態，主動搜尋與目標達成相關的任何訊息，例如人、機會、資源、風險等相關資訊。網狀皮質的網狀感應系統，功能就像Google搜尋引擎，你必須KEY入搜尋特定目的關鍵字，才能發揮強大的搜尋功能。當你用筆寫下人生的特定目標，而且經常記憶或想像特定目標時，加上強烈完成目標的慾望，特定目標就會植入腦中的網狀皮質，自動啓動網狀感應系統。

二、開發潛意識能力：

潛意識是人類智慧的寶庫，人類90％以上過去所累積的經驗、感覺、記憶、知識、技能都儲存在潛意識當中，潛意識就像是位在你家地下室的一部超級大電腦，它記錄著從你出生到現在所有的經驗資料，甚至包括你對某些事件情境的心跳、血壓、腎上腺素的反應。目標就是開啓潛意識資料庫的金鑰，當你內心有清楚的目標，採取行動寫下目標，以及強烈想達成目標的慾望，這時會啓動你的潛意識搜尋系統，找出與目標相關的所有記憶資料，提供源源不斷的創意、想法。

三、運用超意識能力：

人類大腦除了有意識能力、潛意識能力之外，還有一種神祕的力量，稱爲「超意識能力」，佛洛伊德稱它爲「超我」（super-ego），有的學者稱之爲「上帝的心」（Super-mind or God's Mind），這種神祕的心靈力量，無法從量化觀察的角度進行研究，所以迄今很少爲奉行實証主義的心理學界所討論。

美國潛能開發大師伯恩崔西（Brian Tracy）指出，目標達成有一個非常重要的法則叫做「吸引定律」（Attraction Law），當強烈渴望的目標深深植入一個人的心靈時，會啓動人類的「超意識能力」，人腦像是一部強大的宇宙能量接收器，必須先靠自己在腦中集中足夠的能量，才能發動這部機器，當你把注意力與熱情完全聚焦在特定目標，這時會累積足夠的能量，啓動腦中的宇宙能量接收器，自動吸引到能夠幫助你完成目標所需要的正確的人、機會、資源，使你快速朝目標邁進，從另一個角度看，是你吸引目標快速向你靠近，這個心靈作用就是「吸引定律」。

目標植入的心理技術

目標是開啓人類心靈力量的金鑰，但是如何運用這把金鑰，順利打開心靈力量之門，則是成敗的關鍵，以下五種心理技術，可以幫助你將目標順利植入意識、潛意識、超意識三個心靈介面，發揮強大的心靈力量。

一、文字化：

把目標寫下來，並且經常改寫，經過一段時間，目標就會植入你的意識層。剛開始練習書寫目標時，可以準備一本筆記本，練習寫下未來五年的十大人生目標，每天晚上固定練習重寫一次，每次重寫時，不要回顧之前所寫的目標，這個過程中，你最重要的目標會不斷地重複出現，慢慢就會深深植入你大腦內的網狀皮質，目標就會成爲網狀感應系統的搜尋焦點。

二、語言化：

從未來五年人生十大目標當中，找出一個最重要的目標，當成人生的目的，運用自我對話的方式，不斷在內心告訴自己「我的人生目的」。另外，利用各種機會把自己的人生目的告訴週遭親近的人，如此，目標將會更深地植入意識與潛意識。

三、想像化：

每天睡覺前，練習在腦海中想像目標達成的理想影像，想像次數愈多，影像在腦海中愈清晰，影像持續時間愈久，目標植入潛意識就愈深。

四、感情化：

在心中不斷地想像目標完成之後理想的情況，燃起內心想達成目標的強烈熱情，熱情有助於啓動超意識的心靈力量，發揮「吸引」的功能。

五、行動化：

根據目標，規劃行動方案，並且立刻採取行動，每天不斷地向目標邁進。

有效目標的三個要件

進行目標設定的策略思考時，有兩個非常重要必須遵守的原則，就是「清楚」（clarity）以及「紙上思考」（think on paper）。有效目標，它的要件是清楚具體，並且要能用文字描述出來，否則它無法被人腦所接受。無效的目標，既不清楚，也無法描述，只是在腦中的一種遐想，無法在意識層次上發揮聚焦注意的效果，也無法將目標深深植入潛意識，更無法啓動超意識的力量。

進行個人策略規劃時，訂定目標必須具備以下三個要件：

一、敘述清楚（the clarity of description）：

就像射箭或是打高爾夫球一樣，當你看不見目標，就不可能打中目標，因此目標敘述愈清楚，目標達成的機率也就愈高。清楚的目標，必須能用簡單的文字直接、明瞭地敘述內容，最好是一般人都能看懂。

二、標準清楚（the clarity of measurement）：

目標達成與否？達成多少比例？進步的情況？都必須有一個清楚的標準，因爲「可以被衡量的目標，才可能被完成，可以被衡量的任務，才可以被管理。」爲目標定下清楚具體的績效標準，並且每天追蹤記錄績效達成的情形，這種能力是精確達成目標的唯一保證。

三、時限清楚（the clarity of deadline）：

目標達成必須有一個清楚的完成時限。一個目標或是決策，如果沒有明確的完成時限，哪僅是一項討論罷了，因爲它缺乏完成所需要的動能。

書寫目標的正確方法

從美國哈佛大學在一九七九年到一九八九年所做「個人目標設定與成就水準之間關聯性研究」證明，書寫人生目標與個人的事業成就，有非常緊密的關聯性，如何書寫有效的目標，是每個想要成功的人，必須學會的重要技巧，書寫目標的正確方法包括：

一、用第一人稱（personal tense）：用「我」做為書寫的主詞。

二、用現在式（present tense）：當你書寫人生目標時，假裝你已經完成目標，用現在式來描述，避免　用「將要」等類似的未來式表述法。

三、用正面表述（positive tense）：用直接、正面的表述方式，如「我完成」、「我達成」，不可以用「負面的表述」，如「我不要」等。

四、有具體的成果標準。

五、有清楚的完成時限。

以下是一個有效目標的實例：「我在二〇〇八年，成爲台灣知名的個人策略規劃專家，出版十本專業著作，每年演講一百場，每個月賺三十萬元。」「我」是第一人稱，「成爲台灣知名的個人策略規劃專家」是用現在式以及正面表述，「在二〇〇八年」有清楚完成時限，「出版十本專業著作，每年演講一百場，每個月賺三十萬元」是具體的成果標準，這套方法可以幫助你完成人生、事業的所有夢想。

Part 3
個人策略培養宏觀視野

人們必須用全新的心態面對這個由科技革命及經濟革命所構成的新時代,不管你喜歡與否,在新的時代裡,人人都必須面對這些新的遊戲規則。

認清時代趨勢

人們必須用全新的心態面對這個由科技革命及經濟革命所構成的新時代，不管你喜歡與否，在新的時代裡，人人都必須面對這些新的遊戲規則。

世界銀行歐洲部副總裁尚．法蘭索瓦．理查

從十五世紀歐洲文藝復興到現在二十一世紀全球網路經濟時代，五百多年來，世界發生劇烈的改變，從一個穩固而且凡事不變的世界，轉變成一個快速變遷，萬物變動不居的時代。

身處在多變的時代，我們的確比前人擁有更多的可能，更多的自由，以及更多的選擇。然而也因爲環境不斷改變，社會日趨複雜，資訊充斥過剩，使得社會上瀰漫著憤世嫉俗、支離破碎和無助之感。最近調查發現：全台有60％以上的人，認爲自己缺乏人生的目的與意義，超過15％人口患有憂鬱症等，以及平均每天八點七件的自殺案件，再再顯示我們比前人，對未來有更多迷惘，對前途更多不安，生活有更多壓力。

世界銀行歐洲部副總裁尚．法蘭索瓦．理查在《狗紀年的20個備忘錄》書中，提到人們必須用全新的心態面對人類目前所處的新時代，而這個由科技革命及經濟革命所構成的新時代，稱之爲「新世界經濟」，它具有四種特徵：「講求速度」、「跨越國界」、「知識密集」、「高度競爭」。他同時指出：不管你喜歡與否，在新的時代裡，包括國家、公司、組織、部門及個人都必須面對這些新的遊戲規則，過程中當然會有很大的壓力，但這些規則已愈來愈能夠決定個人與企業的成功或失敗，富裕或貧窮。

仔細分析「新世界經濟」，可以發現二十一世紀的台灣，同時受到以下三個重要趨勢的影響，無論是個人或企業，都必須從這些趨勢中，找出自身的定位與因應之道，這三大趨勢包括：

趨勢一、網路經濟的衝擊：

彼得杜拉克在《未來社會的管理》一書指出，「資訊時代的革命性衝擊，現在才剛剛開始要被感覺到，E-COMMERCE並沒有泡沫化，只是才剛要起步而已。」二十世紀後期所發展的「資訊化」科技，其實只是將傳統的工作流程加以標準化、規格化，工作流程本身並沒有太多的改變，但是二十一世紀初期網際網路的發明與廣泛運用，其重要性就如同工業革命後火車、輪船與電話的發明應用一般，大大改變人類對時間與空間距離的概念。

網際網路所建構的電子商務具有：虛擬空間、即時服務（real time service）、跨越國界、地理限制的三大特性，不僅顛覆傳統的生產與消費的觀念，也使得管理與專業工作的內涵發生重大改變。未來世界裡，電子商務肯定會繼續成長，而且大部分產業多會走向實體與虛擬結合的趨勢，帶動更多微型企業的創業潮，即時便利、全球連線的服務成為網路經濟的重要特徵。

趨勢二、全球化經濟的浪潮：

目前的全球化，已經是歷史上的第二次全球化，第一次全球化是發生在十九世紀與二十世紀初，當時帝國主義以船堅炮利強迫打開全球化的市場，最後造成世界強權之間的軍事鬥爭。為了解決衝突，一九一八年美國總統威爾遜提出「和平限武、民主政治、自由經濟」重建國際政經新秩序的建議，當時並未被各個強權所接受，歷經第一、二次世界大戰，法西斯主義國家徹底失敗，又經歷二十世紀中期的「冷戰」鬥爭，最後迫使蘇聯、東歐共產帝國崩潰瓦解，連中共、越南等殘存的共產國家都被迫改採實質的資本主義市場經濟，經過半個世紀以上國際政治、經濟的解構與重整，威爾遜的國際政經論述最終取得主流論述的地位，正式主導二十一世紀的國際新秩序。

加入世界貿易組織WTO、區域經濟整合的風潮，無疑是第二次全球化最重要的特徵，不僅使得區域經濟與全球市場快速整合，也使得全球化的競爭更趨激烈，除了土地無法遷移外，其他的生產要素，包括人才、資金、技術、設備都具備高度流動性，完全根據經濟學的比較利益法則，在全球各地逐利而居，像是關稅與非關稅貿易障礙等傳統的國家武器，在全球化的大旗下，紛紛棄械投降，這使得國家的疆界失去了保護本國企業與個人的能力，不管再多業主企業的施壓與勞工的抗議，絲毫撼動不了全球化的世界浪潮。

全球化競爭的本質是，每個企業的競爭對手，不再只是本土的公司，更要與世界級的跨國企業一較高下，以咖啡連鎖店爲例，丹堤咖啡的對手，不光是國內的IS咖啡，星巴克才是頭號大敵。就個人而言，職場的競爭對手已不再只是同文同種的台灣人，還需要與全球各地的職場好手一較高下，不僅藍領勞工的工作逐漸被東南亞外勞所取代，即使是高階白領的職位也一樣飽受威脅。看看以下的例子，今年九月一日，宏碁集團董事長施振榮宣布，將現任國際營運總部總經理的蘭奇，擢昇爲Acer的總經理。另外，台灣已有上百位合格的飛行機師已經失業，肇因於外國機師紛紛到亞洲尋找工作，印度軟體工程師將是下一波職場強勁的對手。總之，全球激烈競爭的賽局中，每個企業與個人都必須具備全球競爭力，否則勢必被淘汰出局。

趨勢三、知識經濟時代來臨：

二十世紀是工業化時代，資本家憑藉資本與土地的生產元素，進行標準化大量生產的方式，主控資本主義市場，號令天下，美國洛克菲勒是當時的典範人物。隨著時代巨輪推移，二十世紀結束，工業也步入農業發展的後塵，自動化、電腦化使工業生產力大增，工業產品價格不斷下滑，工業就業人口持續減少，預估未來將下降到佔總人口的20％以下。二十一世紀則進入後工業化時代，每天有數百億美元的全球共同基金與退休基金，在國際金融體系中流竄，取代過去個人資本或是國家資本，提供創業、投資的廉價資本來源，土地與資本不再是最重要的生產元素，取而代之，知識成為創造最高附加價值的生產元素，擁有知識即擁有世界的權力與財富，當今世界首富比爾蓋茲就是典型的代表人物。

回到前面所提到「新世界經濟」的四大特徵：「講求速度」、「跨越國界」、「知識密集」、「高度競爭」，從這個角度出發，我們就可以很清楚地定位「二十一世紀競爭力」的內涵，知識、速度與思考品質是決定企業或是個人的成就的關鍵因素，個人除了必須學習電腦，學習外文，擁有全球的視野之外，更重要的是要具備專業知識力、快速行動力與優質企劃力，加上不斷吸收新知的終身學習能力，才能在競爭激烈的世界脫穎而出。

未來社會的輪廓

專業化的社會，知識的流動沒有疆界，雖然每個人都有向上流動的機會，但不見得個個都會贏。

彼得杜拉克

在東京，日本新銳商業設計師若野桂，設計包裝的Evian礦泉水，一上市就發生店頭缺貨的現象，東京的大學生，在網路上寫著：「好不容易搶到兩瓶，捨不得喝，現在擺在玄關當裝飾。」三十多歲的若野桂，曾經是拒絕聯考的小子，現在已經獨立接過NIKE、SONY、東芝、Evian等國際品牌的設計案。他認爲在實際工作中，能更快、更實際地學到專業能力，他相信只要努力，一定會有收穫。

在紐約，穿著亞曼尼的華裔建築設計師季裕棠，他的作品特別受到凱悅、希爾頓、文華、國際大陸等國際級飯店集團激賞，他在拉斯維加斯、倫敦、雪梨、東京、台北、上海等近百個大城市，設計了近五百家餐廳，他說：「通往物質成功的路只有一條：去做喜歡的事，把它做到好。」在他的設計字典裡，最「髒」的字就是「妥協」。

這兩個例子是在天下出版的《WORK SHOW》一書中，令我印象十分深刻的兩個故事，無論在全球商業軸心的紐約，或是亞洲流行中心的東京，專業化社會不是趨勢專家筆下的預言，它已經是活生生的事實。越來越多日本新人類，不再迷信名校與學位，他們有計畫地培養實用的技能，在自己的產業內變成專家，成就自己的事業版圖。

與此同時，日本社會也出現一種不知道自己要什麼，也不願承諾的自由打工族（freeter），freeter是在一九八〇年代後期出現於日本社會的新字彙，結合打工和自由兩個字，指從學校畢業後沒有固定工作，靠打工維生的年輕人，日本約有二百萬以上的freeter。這樣的兩極化社會現象，印證了未來社會屬於「沙漏型社會結構」，中產階級形成兩極分化，分成社會上層的專業白領族及下層的服務藍領族。

二十一世紀的台灣即將追隨歐、美、日本的腳步，進入專業化社會的時代，具備企圖心的新人類必須懂得自己要什麼，並且認清專業社會的本質，熟稔它的運作法則，才能乘著趨勢的浪頭順勢而起，創造個人生命與事業的高峰，否則在快速變遷的社會中，將會很快被潮流所淹沒。

彼得杜拉克在《未來社會的管理》一書指出，知識型專業社會有三個特徵：

一、知識的流動是無疆界的；

二、每個人都有向上流動的機會；

三、雖然人人都有機會，但不見得個個都會贏。

知識經濟時代，知識是最重要的生產元素，掌握知識等於掌握未來，網路科技使得知識的傳播不再有時間及地理上的限制，無論人在東京、台北、上海或是紐約，amazon.com或是google提供一天二十四小時全年無休的服務，知識商品的購買與取得無比便利，但是購買知識不等於擁有知識，知識吸收能力取決於智商與努力，因此這是一個能力至上主義的公平社會，它不問性別與階級，只問是否擁有專業能力，這是一個高度競爭的社會，每個人像是羅馬競技場的勇士，人人都有機會獲得勝利的桂冠，但不見得個個都能贏。

「專業人」是知識經濟時代的主角，比爾蓋茲就是其中的典範人物，這群人以知識、技術、腦力創作爲生產工具，不僅擁有專業知能，同時本身也是全球資本市場中股票、基金的主要的持有人，兼具「資本家」與「技術專家」的雙重優勢，使他們成爲社會最有權勢與影響力的主流社群，也是未來成長最快速的新社會階級，預估二十年後將佔總勞動人口的五分之二。

彼得杜拉克認爲：在專業人的心中，專業是一種認同，專業人對於專業領域的認同遠高於對公司組織的認同，因此他們寧可在相同的專業領域當個遊牧民族，也不願意一生死守著一家公司或是一個組織。專業人是沒有階級觀念的，只有資深與資淺的區別，他們看待與公司組織的關係，不是僱主與勞工的關係，而是一種夥伴關係，只要不爽，隨時可以拆夥走人。對專業人而言，金錢報酬不是唯一的工作誘因，專業尊重與專業成就更爲重要。

專業人的工作信仰是成果導向、績效至上與實力原則，他們無法忍受齊頭式的平等，討厭浪費時間的形式主義，更痛恨辦公室權力惡鬥以及無能的豬頭老闆。專業人追求成功的奮鬥過程中，承受強大的競爭壓力以及無數的失敗挫折，這些都是他們必須付出的代價。但是所有成功的專業人都有一種專業精神的堅持，那是對願景目標的強烈渴望，和一顆未達專業理想決不終止的決心。

日本著名漫畫家弘兼憲史是以漫畫書寫政論、企業運作、上班族生活的日本第一人，以「人間交叉點」、「課長島耕作」、「政治最前線」得到無數獎賞，他的成功源自猛烈工作，他說：「找一個自己喜歡的工作，而且最好不要和別人比較，你做自己所能做到最好的工作，這就是最好的人生。你盡力去生活，這就是幸福。設定目標是設在你要把腳尖踮起來，手要伸出來，才能達到的目標。我正是用這樣的方式，努力開創我的人生。」弘兼憲史這一小段話，清楚、深刻，把一個成功專業人的工作和生活，描繪得淋漓盡致，專業化的社會，這樣的專業人是否是你的嚮往？

中產階級的新挑戰

全球化時代，知識是成功的關鍵，勇敢是成功的心態。採取行動，大膽一搏的人，有時成功，有時失敗，但是什麼都不做的人，註定失敗。

全球趨勢大師梭羅

台灣的景氣確定回春了，但是失業率似乎沒有隨之下降的跡象，結構性失業情況依舊嚴峻，尤其中高齡人口的失業問題更形嚴重，不僅台灣人在問工作到哪裡去了，連太平洋那一端的美國中產階級也擔心被裁員，台灣人擔心工作被大陸人搶走，美國人則憂心印度人取代他們的工作，全球的中產階級對來勢洶洶的「中年失業潮」普遍感到恐慌，到底是什麼原因顛覆了過去穩定的中產階級社會？

最近，美國的線上金融貸款E-LOAN公司，爲了提高效率及優惠利率，去年開始把貸款審核工作外包給印度，結果87％的顧客都選擇比在美國快兩天的印度外包服務。另外，美國一家調查研究公司Celent Communication預估：美國金融票券產業至少有二百三十萬個工作機會讓印度拿走。有愈來愈多的美國、歐洲藥廠，把臨床實驗和研發工作「外包」給印度，在上個會計年度至少讓五千四百萬美金的業務量拱手讓人。

甚至，我們認為必須掌握在手裡的媒體思想、觀點判斷，都因爲成本考量而外移，例如路透社最近把美國的編輯業務移到印度進行，在一切作業標準化的「知識密集」時代，只要透過網路，工作在哪裡進行都可以，白領階級的工作，在外移趨勢下，漸漸失去保障。

在二十世紀工業時代，中產階級向來被視爲是社會穩定的力量，因爲白領的中產階級受過良好的教育，擁有穩定的職業，在族群性格上，兼具保守與改革的雙重特質，加上人數衆多，在社會結構頂端的資本家與底層的藍領勞工階級之間，形成一股緩衝與穩定的力量。

走入二十一世紀，全球化浪潮、網路時代、知識經濟等三股力量，彼此交互影響，推波助瀾，成形一個快速變遷、激烈競爭、高度流動、全球連動的新世界經濟體系，全球任何政經變動、新技術發明、生態破壞、疾病傳播，都會造成全球連鎖性的反應。就像達文西曾寫道：「整個地球，被一隻棲息於其上的小鳥移動了位置。」台灣不也被一隻SARS病毒，以及來自南美的紅火蟻，攪得天翻地覆嗎？

快速變遷的環境，不僅帶來生活的壓力，同時不斷地造成各種危機，根據美國調查：無論企業或是個人，平均每三個月要面臨一場危機。各種組織（包括政府、企業）爲因應各種變遷與危機，必須進行組織改造，以提高快速反應的能力。於是，傳統多層級的官僚結構面臨減重加速的轉型壓力，逐漸被扁平化組織所取代，原先組織內的中階管理人及其他的幕僚、行政人力，將成爲第一波被裁員精簡的對象，最後只留下少數高階管理人以及核心業務所需的專業人才，組織的解構與再造，使得原本金字塔型的社會結構解組，形成類似沙漏型的社會結構，原先的中產階級兩極分化，分裂成專業白領族與服務藍領族兩個階級，目前出現的中年失業潮、中產階級藍領化、打工族現象，都是沙漏型社會的一些表徵。

專業主義抬頭是沙漏型社會的另一個面向，擁有知識與專業的這群社會精英，將是沙漏上層的組成份子，他們是創業主、研發工程師、創作者、醫師、律師、會計師、金融分析師、設計師等各類專業人士，這群新人類在知識經濟的世界裡，憑藉具有全球競爭力的專業知能，創造價值，累積資本，成爲掌控社會的新貴族。在未來專業社會中，貴族不是世襲，知識不是獨占，機會公平均等，社會階級由個人努力決定。

在未來專業化社會，每個知識工作者就像電影中美軍的未來戰士：無限上網手提電腦、手機、PDA是基本配備，在全球競爭的殺戮戰場中，必須熟記求生密碼：專業成功方程式【專業＝知識＋創意＋企劃】，每個產業、企業及個人爲了追求生存，必須以全球標準來衡量自身的競爭力。競爭力的內涵除了知識與觀念之外，最重要的核心是專業know-how，誰能搶先應用先進知識與觀念，加入創意及企劃的元素，配合良好的執行力，誰就能擁有全球競爭力。全球趨勢大師梭羅說過：「全球化時代，知識是成功的關鍵，勇敢是成功的心態。採取行動，大膽一搏的人，有時成功，有時失敗，但是什麼都不做的人，註定失敗。」台灣的中產階級已經在分裂了，若不採取作為，只會向下沉淪，成為藍領新貧族。

跟上時代的改變

如果組織外的改變速度比組織內改變速度快，則結局是可以預見的。

美國 GE 公司前總裁傑克・威爾許

美國個人策略規劃大師伯恩崔西稱二十一世紀爲「快速變遷的時代」，這個時代最大特點是「快速多變」，社會變遷的速度不僅是快而且是非線性的，二十一世紀跟我們父執輩所熟悉的農業時代或是工業時代完全不同，過去的時代裡，社會長期穩定，變遷緩慢，大部份人都可以依據自身累積的經驗去預測未來。但是二十一世紀社會的變化可以用「快速改變，難以捉摸」來形容，人們無法再依賴傳統直線式的思考方式，來預測未來的發展方向。

造成社會快速變遷的元兇

造成二十一世紀社會快速變遷的原因，有三個主要因素：

一、資訊爆增與便利：

過去幾年全球網際網路的快速普及化發展，使得資訊與知識的生產、傳播、累積的速度，遠勝過人類過去百年的發展，根據美國所做統計調查顯示：在許多快速發展的專業領域中，平均每二至三年，相關知識的資料總量即成長一倍，而且這樣驚人的累積速度還在持續增加中，因此，資訊爆炸與知識取得的便利性，成爲推動人類社會快速變遷的一股重要力量。

二、新技術的快速發展：

拜資訊爆增與快速流通之賜，各種新材料、新技術不斷地被研發出來，並且以非常快的速度進行商業化應用，取代舊有的技術與商品，形成所謂「破壞性創新」現象，例如，CD的發明，取代傳統的錄音帶市場，不久MP3問世，CD的銷售又受到嚴重的挑戰，這種新技術的發明應用帶動各種產業快速變遷，成爲另一股推動社會快速改變的重要力量。

三、高度激烈的競爭：

資訊爆炸、技術創新加上全球化浪潮，推動整個世界經濟朝向全球分工與競爭的方向發展，在全球市場上，產品與技術推陳出新，商品生命週期不斷地縮短，大量生產的結果，使得市場競爭高度激烈，全球化所帶來的高度激烈競爭，使得每個人、企業，爲了生存發展，必須持續不斷尋找最快、最好、最新、最便宜的方式，向消費者提供服務。

快速變遷的衝擊

就像潛能大師邁可葛柏在《如何像達文西一樣的思考》書中指出：「你必然會注意到，改變的速度愈發快速，這些改變將會如何影響你個人及你的專業，沒有人知道。然而，我們可以說，加速的改變和漸增的複雜程度，大大增加了智慧資本的價值，能以獨立和創新方式思考，具備學習適應能力，已成奇貨可居。在文藝復興時期，抱有中古世紀心態的人，都被遠遠甩在後頭；如今，在我們所處的資訊時代中，還懷抱中世紀及工業時代思維的人，將面臨滅絕的威脅。」

的確，社會變遷的速度與方向不是任何人所能控制，個人也沒有選擇的權利，然而，你有權可以選擇自己的想法，決定自己要成為「順應變遷的專家」或是「不適應變遷的犧牲者」。快速社會變遷會帶來很多的負面衝擊，改變會破壞安定現狀，它帶來壓力緊張，改變會使人失去方向，跟不上變遷速度的人，會產生適應不良的問題。但是，快速變遷也會帶來許多好處，因為每一個改變都開啓一個新的機會和可能性，改變愈多愈快，代表機會出現頻率愈高，只要你能抓住機會就使你能更快速地達成目標與獲得進步。

在國家地理頻道，或是介紹野生動物的節目中，經常可以看到獅子、斑豹獵殺羚羊、斑馬的畫面，強者的追逐與弱者的閃躲，比較的是速度以及改變，速度與改變是弱小者求生的法寶，也是強者勝利的保證。個人與社會的關係，組織與環境關係，也是由速度與改變所決定，如同美國GE公司前總裁傑克·威爾許所說：「如果組織外的改變速度比組織內改變速度快，則結局是可以預見的。」無論是個人或是組織，能夠成功生存發展的一方，必定是自我變革的速度超過環境變遷的速度，反之，必然為時代所淘汰。

打開世界的窗

想要成就比別人多，必須學習比別人多，養成每天花一個小時看書的習慣，使你一生受用不盡。

個人策略規劃專家伯恩崔西

記得看過一本書上說，任何一個時代的文明都區分爲核心與邊陲兩種，世界文明傳播的規律是從核心地區向邊陲地帶流動、擴散，例如十四、十五世紀，當時中國是世界文明的核心，透過絲路，將中國強勢的文明，例如紙、火藥、指南針、茶、絲及瓷器等，大力向西方及其他邊緣地區擴散；到了十八、十九世紀，歐洲崛起成爲世界文明的核心，亞洲的日本率先向歐洲取經，發起明治維新運動，造就今天亞洲強國的地位。

從二十、二十一世紀迄今，世界文明的核心轉移到美國，現在每年成千成萬來自亞洲及其他落後國家的留學生，一窩蜂飄洋過海到美國留學，他們向美國學什麼？學商業、學政治、學經濟、學軍事、學科技、學藝術、學人文，反觀美國人到中國留學，學什麼？大部分只是來學中文。舉這個例子，就可以很清楚地說明世界文明傳播的過程。

從清末、民初一直到現在，依舊有許多人一直強調「中學為體、西學為用」，或是聲嘶力竭「捍衛中華文化，抵抗西方文化侵略」，但是從世界文明傳播規律來看，強勢文明之所以強勢，是因為它進步。翻開人類歷史，這種文明的流動是自然的、規律的，也是演化的，也正因為有這樣文明傳播規律，使得不同文明之間能不斷交流，相互學習，進而帶動人類文明不斷向前的演進，這是人類文明演進、優化過程。

當然抗拒演化的人，會大聲疾呼「文化侵略」了，記得在一九七五年，我當時在政大上中國政治思想史的課，在教室裡，老師很憂心日本**NHK**衛星電視即將正式對亞洲放送，他說，各位要小心這種「東洋文化的侵略」，時至今天二〇〇五年，二十一世紀，打開家中的有線電視，**NHK**頻道只不過是一百多個頻道中的一個罷了，實在看不出來「東洋文化的侵略」在哪裡？

二十一世紀全球化時代，知識經濟崛起，想成為一個成功的專業人，必須具備全球競爭力，以擠進專業領域中前10%作為個人生涯目標，否則很難在競爭激烈的未來，出人頭地。想擁有全球競爭力的專業知識，必須向西方（特別是美國）取經，因為整個全球經濟文明的核心，是在西方，是在美國，雖然大部分人不見得有機會去美國留學，但是至少可以透過閱讀西方出版的專業著作，吸收最新的專業知識。特別是在網路時代，資訊與知識的流通已經打破地理疆界的藩籬，加上全球物流業飛快發展，DHL都可以將大象隔天運到全球每一個角落，更何況是一本書。在日本紀伊國屋書店，只要是紐約時報推薦的新書，一個禮拜後，就可以在架上看得到。這是一個最便利的時代，購買全球最新的知識商品，不是能不能而是願不願意。

記得大學及研究所唸書的日子，許多教授滿口學習英文的重要性，他們的目的只是在炫耀自己當年背字典、背句型的苦讀經驗才有今天的成就，但是這種「土法煉鋼」式的教法，卻讓學生每天有查不完的單字，整本書寫著密密麻麻的註釋，不僅消磨掉耐性，更別提享受閱讀的樂趣，使得唸原文書成了學生生活的夢魘。

直到畢業後，有一次在職進修的機會，上一位教英文閱讀與寫作老師的課，他上課第一個要求，是把桌上的各種字典收到抽屜裡，他說他高中時唸的是「有名」的私立強恕中學，重考兩次，好不容易才考上大學，英文之破可想而知，畢業後，看大家都出國唸書，只好努力補習托福，勉強申請到學校唸。剛去美國的第一年，一學期要求要讀十幾本原文書，加上口頭及書面報告，幾乎讓他挫折到想要休學打道回府，最後他決定走一步算一步，嚐試不再查單字，看得懂多少算多少，結果這一走居然讓他唸完英國文學博士學位。「在座的每一位，在大學時代英文基礎絕對比我好」，他說：「我這麼爛的英文底子都可以改變，所以只要用對方法，相信你們一定可以學好英文」。這段話讓我解開多年的困惑，重拾起閱讀原文書的信心。

後來筆者有機會外派日本工作，我觀察日本人無論在咖啡廳或是電車上，幾乎人手一本書，一方面打發無聊，消磨時間，另一方面，可以充實自我。因此，我也就入境隨俗，隨身攜帶一本原文書（因爲日文書我也看不懂），走到哪裡，看到哪裡，一年下來，利用零碎時間，居然讓我看完十幾本專業的原文書。

建議大家避免購買及閱讀翻譯書，因爲翻譯書都是屬於二手資訊，不僅時間上有落差（從翻譯到出版少說要一年的時間），而且多數翻譯書的內容錯誤百出，以我個人經驗，幾乎很少翻譯書讓我有耐性重頭看到完，即使勉強看完，所獲得的也只是模糊的印象，對專業的累積幫助不大，因此想成爲一流的專業人最好養成看原文書的習慣。

看原文書有許多好處，第一，你可以同步吸收到全球最新的資訊，讓你了解最新的專業趨勢。第二，原文書的寫作方式，非常重視例子說明，一個論述通常會用好多個例子來說明，讓讀者容易掌握重點。第三，原文書的語法，跟中文完全不同，勉強翻譯出來，經常讓人不知所云，閱讀原文是用外文的語法來思考，有助於清晰地了解作者的觀念。因此，一些成就卓越的專業人，例如溫世仁、詹宏志、司馬文武等人，都養成上AMAZON.COM購買原文書，閱讀全球最新資訊，多年如一日，使他們始終站在趨勢的最前端，成爲頂尖的專業人。

以下是個人體會的一些購買及閱讀原文書的技巧，供大家參考：

一、常逛書店：

常逛台灣的誠品書店，爲於101大樓的PAGE ONE書城，日本的紀伊國屋書店及AMAZON網路書店，找尋最新跟專業有關的原文書，先讀推薦序、前言及目錄，喜歡就直接購買。

二、隨身攜帶，隨時閱讀：

隨身攜帶一本原文書（但最好不要是大部頭的書，因爲不便），在等車、等人、上床等睡覺的時候，在咖啡廳、在辦公室、在書房、在捷運上、在廁所裡，隨時隨地都可以閱讀，時間長短不拘，想休息時，用手在書頁上折個角，或是用筆在旁邊註記一下，下一回接著看下去。

1. 抛開字典：不查單字、不背單字、看得懂多少算多少，除非是非常關鍵且出現多次的字，所謂關鍵字是指如果不清楚該字的意涵，將影響到對整本書或是整個章節大意的理解，一般而言，一本書的關鍵字不會超過十個字。

2. 必須「四讀通過」：一本原文書至少要讀過三遍才能深刻記憶掌握。美國時間管理專家伯恩崔西（Brain Tracy），在《時間力量》（Timepower）書中，提出一套有效的閱讀法，稱為「OPIR有效閱讀術」：第一讀Overview瀏覽，瀏覽書的前後封面、目錄、大小標題、圖表。第二讀Preview預讀，一頁一頁翻閱每一段的第一個句子，以及每一章節最後的摘要或是問題。第三讀Inview精讀，以手指指引閱讀，用筆劃下重點，在書頁旁邊作筆記與記號，把重要的書頁折角。第四讀Review複習，重新閱讀所劃下的重點，並且整理成摘要。

迎接知識工作者時代的來臨，伯恩崔西說：「想要成就比別人多，你必須學習比別人多，養成每天花一個小時看書的習慣，一個星期可以看完一本書，一年可以閱讀五十本書，三年讀完一百五十本書，五年二百五十本，十年就可以讀完五百本書，如果你確實養成這個習慣，三年內你將成為你專業領域的專家，五年內一定可以成為國內知名的專家，十年就能成為享譽國際的大師」，誠如領導學專家John C. Maxwell所說：「領導人必定是好的學習者。養成每天花一個小時閱讀原文書的習慣，將使你一生受用不盡。」

Part 4
個人策略幫助正面思考

成功是清楚地知道自己一生的目的，
發揮最大的潛能，散播能造福他人的
種子。

人人都有一畝鑽石田

成功是清楚地知道自己一生的目的，發揮最大的潛能，散播能造福他人的種子。

領導學大師John C. Maxwell

領導學大師John C. Maxwell對成功所下的定義，是我到目前爲止所看過最好的定義，他說：「成功是清楚地知道自己一生的目的，發揮最大的潛能，散播能造福他人的種子。」上帝不會製造任何垃圾，上帝創造每個人都有祂的目的，誠如心理學家Viktor Frankl所說：「每個人一生都有他自己特定的任務或是使命，每一個人必須完成這個任務，人生才能充實圓滿。」

如果我們相信「每個人被創造都有一個特定目的」的基本前提，那麼我們就必須信賴上帝，祂必然會賜給每一個人無限的潛能以及獨特的天賦特長，用來散播能造福他人的種子，實現人生的目的。但是，大部分人並不了解上帝創造他們的目的，同時也遺忘了上帝給他們的恩賜：無限的潛能與獨特的天賦。

美國著名的牧師Russell Conwell 在六千次佈道中反覆提到「鑽石田」故事，他說：

從前有一個非洲農夫，他一心想挖掘鑽石寶礦，於是他賣掉所有田地，出外找尋鑽石礦脈，經過數年的尋尋覓覓，卻始終沒有找到心目中的鑽石寶礦，當積蓄花盡後，挫折與失敗之餘，最後跳海自殺身亡。結果，向他購買田地的另一位農夫，專心地在田地上辛勤耕耘，無意間發現農地底下竟是整片的鑽石田，這些鑽石礦外觀上看起來像粗糙的岩石，經過切割打磨就變成耀眼奪目的鑽石。這位跳水自盡的可憐農夫，雖然曾經擁有鑽石田，卻從未發現它。

其實，許多人就像那位出外尋找鑽石的非洲農夫，他們不了解上帝早就賜給每個人無限的潛能，只要善用自己的潛能，就能擁有一畝鑽石田。

想要成功的人，首先要問一個關鍵的問題是「是否相信自己的潛能？」你可能聽過：一般人大約只使用10％左右的潛能。令人沮喪的是，根據史丹佛大學研究，一般人大約只發揮2％的腦力潛能，其餘都只儲存在原位，一生都來不及使用。另外，根據莫斯科大學心理學家安諾金（Pyotr Anokhin）在一九六八年發表的研究顯示，普通人腦所能產生的思維模式，其數目至少是一後面加上一億零五百萬公里長用普通打字機打出的零，安諾金強調：人人與生俱有無窮潛力，古往今來無人充分使用大腦能力。

根據近代心理學以及腦神經學的發現，可以用一句話來概述：人類腦力的潛能，超乎你的想像，每個人的腦力潛能具有以下的特質：

★你的頭腦遠比任何超級電腦都還要靈活而且多才多藝。

★如果你從現在開始每分每秒學習，毫不停歇，直到你死亡，你的大腦仍有許多空間。

★大腦的功能與學習能力，可以與時俱進，不斷地增長進步。

★你的頭腦是全世界獨一無二，世界上沒有一個人跟你完全一樣，也沒有人比你好。

★你的頭腦能夠產生無限的神經鏈連結與思維模式。

想要成功的人，接著要問第二個關鍵的問題是「我要如何發揮潛能？」領導學的專家John C. Maxwell在《態度 101》的書中提到，一個人的成就水準可以看成是發揮個人潛能的比例，愈成功的人是發揮潛能愈多的人。John C. Maxwell也提出發揮潛能有四個重要原則：

一、專注於一個主要的目標：

發揮潛能需要有聚焦的焦點（focus），當思考專注而集中時，潛能容易被激發出來，產生偉大的力量，誠如，作家Norman Vincent Peale所說：「當一個人把所有體能力量與精神力量聚焦時，他解決問題的能力就能大大地增強。」微軟總裁比爾蓋茲也以親身體驗強調：

「唯有專注才能成就一流的事業。」

二、專注於持續改善：

持續改善的策略，日文稱爲Kaizen，是激發潛能的好方法，美國管理專家W. Edwards

Deming在一九六〇至一九七〇年把這套品質改善的方法引進日本，鼓勵每個員工在他們視線所及的範圍，不斷提出改善品質與效率的小方案，累積數千個小的創新與改善方案，使得日本企業生產力大幅提升。Wal-Mart的總裁David D. Glass有一次被問到：誰是他最欣賞的人，他的答案是Wal-Mart的創辦人Sam Walton，他評論說：「自從我認識他以來，他的每一天都致力於進行某些改善，從來沒有一天停止過。」

三、**忘記過去**：

不要陷入過去失敗經驗的泥沼裡，你擁有無限的潛能，足以達成任何目標，就像美國前總統羅斯福的忠告：「用你現在擁有的，在你現在所在的地方，做你該做的事。」把握當下，此時此地就是發揮潛能的起點。

四、**聚焦於未來**：

無論你現在的能力水準如何，你一生所能發展的潛能，遠大過你的想像，你一定有改善自己的空間，一定可以使明天過得比今日更好，當你把焦點放在未來的願景時，潛能自然就會被激發出來。

日本人經常被批評為「有錢的窮人」，國家富有了，人民卻依舊抱持著窮人的心態，其實

「有錢的窮人」不正是許多人的寫照嗎？許多人就像那位尋找鑽石寶礦的非洲農夫一樣，明明身上擁有寶貴而無限的潛能，卻從不知道自己擁有一畝鑽石田，想要成功的人何不向另一位農夫學習，在自己的一畝田上努力耕耘，終會挖掘到屬於自己的鑽石寶礦。

成功者的對話

*成功是清楚地知道自己一生的目的，發揮最大的潛能，散播能造福他人的種子。
*每個人一生都有他自己特定的任務或是使命，每一個人必須完成這個任務，人生才能充實圓滿。
*人人與生俱有無窮潛力，古往今來無人充分使用大腦能力。
*當一個人把所有體能力量與精神力量聚焦時，他解決問題的能力就能大大地增強。
*唯有專注才能成就一流的事業。
*用你現在擁有的，在你現在所在的地方，做你該做的事。

發現智能DNA的密碼

成功的關鍵是找到你真正喜歡做的事，然後設法以做這件事來賺錢過好生活。

——成功學大師Napoleon Hill

上帝創造每一個人都有祂的目的，於是祂除了賜給每個人無限潛能外，也給每個人獨特的天賦能力，用來實現特定的人生目的。或許對於以上神學的論述，你還半信半疑，但是近代心理學的發現，已經提供足夠證據來支持這樣的論述。

我們從小到大被灌輸的智力觀念，都來自傳統的智商測驗（IQ Test），智商測驗是法國心理學家比涅（Alfred Binet）首創，用來客觀衡量理解力、推理力與判斷力，在其形成之初是一大突破，但是當代心理學研究顯示，這種智商觀念有兩個顯著的缺陷。第一個缺陷是它認為智力乃天注定，無可改變，第二個缺陷是智商測驗只衡量語文及數學推理能力，範疇過於偏狹。這兩個缺陷早就受到當代心理學研究的徹底駁斥。

心理學家嘉納（Howard Gardner）在他的著作《心靈架構》（Frames of Mind）中，提出「多重智能概念」（the concept of multiple intelligences），他指出：人類擁有至少十一種以上

的不同智能，包括語言能力、數學能力、設計能力、冒險開創能力、運動能力、音樂能力、人際關係能力、自我探索能力、藝術創造能力、抽象思考能力。而且任何一種智能，如果發揮極致，都可能使你成爲天才。

如果應用「多重智能概念」來製作一份量表（如圖），每一個人身上都有這十一種潛能，只是每個人的能力強弱各有不同，以0到9的量表顯示智能指數的高低，左邊的0代表能力指數非常低，9代表極高的智能，進行自我評量，根據對自己的了解，圈選出十一組智能的數碼，把這組數碼連接起來就是你自己的智能DNA，這組智能DNA密碼代表以下的意義：

一、你是天下獨一無二的，因爲十一組密碼相同的機率是百億分之一，根據統計，目前全球大約有六十億人口，因此世界上沒有一個人跟你完全一樣，你是獨一無二的個體，每個人都不相同，也沒有人比你好。

二、不只有IQ與EQ才重要，十一種智能當中，只要有任何一種智能發揮到極致，都可以幫助你獲得一生的成就。例如，我國第一面奧運金牌得主陳詩欣，IQ與EQ表現並不突出，然而她將運動智能發揮極致，二十多歲就已經獲得全世界肯定的成就。

三、每個人都有自己突出的智能組合，把自己十一種智能評量分數連接起來，畫出自己智能DNA曲線，從中可以發現自己突出的天賦智能組合，根據智能可以透過後天練習而強化的原理，個人只要設法專注於這些能力的培養，透過不斷地學習與訓練，突出的智能就很有機會發展至9分的極致，成爲領域中的天才。

除了應用「多重智能量表」發掘自己的天賦特長，另外，從個人的興趣、喜好、理想、願望當中，也可以發現自己天賦特長的線索，美國個人策略規劃專家伯恩崔西就提出，可以從以下八種方向去找尋自己的天賦特長：

1. 喜歡做的事。
2. 做得很好的事。
3. 過去所做的事曾經帶給你成功與快樂的感覺。
4. 容易學、容易做的事。
5. 會吸引你的事情。
6. 有強烈慾望想學、想做的事。
7. 能讓你進入忘我境界的事情。
8. 你所尊敬或崇拜的人所具備的專長或是所從事的領域。

想要成功的人，必須對自己的天賦特長建立正確的認知：第一、每一個人都是獨一無二的，沒有一個人比你聰明，也沒有一個人比你能幹，每一個人都有獨特的天賦，每一個人都有自己特長。第二、運用天賦特長創造成功，想要成功，你必須發現自己的天賦，找到自己擅長的技能，找到自己眞正喜歡的專業領域，找到一到二種自己眞正有興趣的技能，然後專心一意將你天賦的特殊能力，發展到最好的程度。

伯恩崔西說：「當你開始做眞正喜歡的事業，你的一生中，將不會有任何一天，是用來工作。」美國調查發現：70％白手起家的成功人士指出，他們一生中，從來沒有工作過一天，因爲他們做的是自己眞正喜愛的事，從來沒有把它看成是工作，也就能全心全力，做得更多，追求完美的境界，自然容易成功。就像已故美國成功學大師Napoleon Hill給世人的忠告：「成功的關鍵是找到你眞正喜歡做的事，然後設法以做這件事來賺錢過好生活。」把天賦智能轉變成一生的賺錢能力，找到能應用自己天賦特長的專業與工作，專注於能力的提升，這是成功最快的捷徑。

發現智能DNA的密碼

多重智能概念

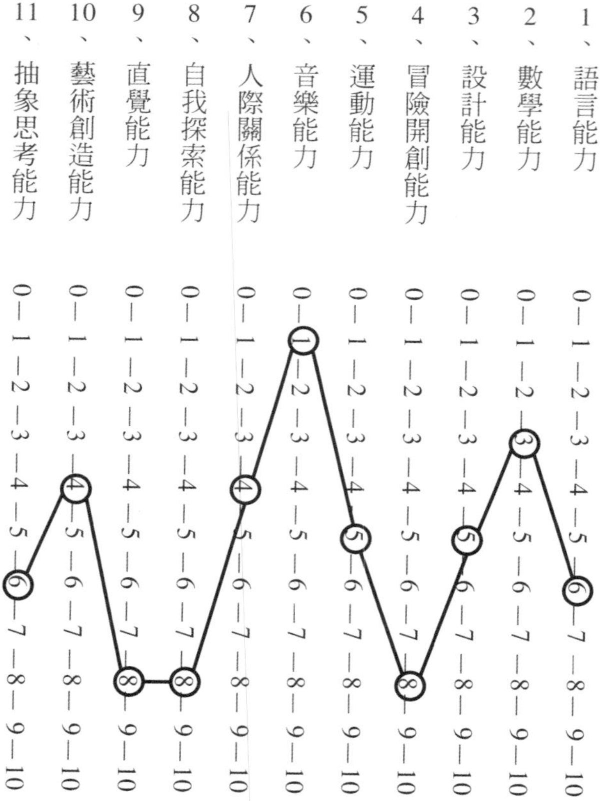
1、語言能力 0—1—2—3—4—5—6—7—8—9—10 (6)
2、數學能力 0—1—2—3—4—5—6—7—8—9—10 (3)
3、設計能力 0—1—2—3—4—5—6—7—8—9—10 (5)
4、冒險開創能力 0—1—2—3—4—5—6—7—8—9—10 (8)
5、運動能力 0—1—2—3—4—5—6—7—8—9—10 (5)
6、音樂能力 0—1—2—3—4—5—6—7—8—9—10 (1)
7、人際關係能力 0—1—2—3—4—5—6—7—8—9—10 (4)
8、自我探索能力 0—1—2—3—4—5—6—7—8—9—10 (8)
9、直覺能力 0—1—2—3—4—5—6—7—8—9—10 (8)
10、藝術創造能力 0—1—2—3—4—5—6—7—8—9—10 (4)
11、抽象思考能力 0—1—2—3—4—5—6—7—8—9—10 (6)

自我練習：如何找到自己的天賦特長

A、多重智能的DNA量表

1、語言能力 0—1—2—3—4—5—6—7—8—9—10
2、數學能力 0—1—2—3—4—5—6—7—8—9—10
3、設計能力 0—1—2—3—4—5—6—7—8—9—10
4、冒險開創能力 0—1—2—3—4—5—6—7—8—9—10
5、運動能力 0—1—2—3—4—5—6—7—8—9—10
6、音樂能力 0—1—2—3—4—5—6—7—8—9—10
7、人際關係能力 0—1—2—3—4—5—6—7—8—9—10
8、自我探索能力 0—1—2—3—4—5—6—7—8—9—10
9、直覺能力 0—1—2—3—4—5—6—7—8—9—10
10、藝術創造能力 0—1—2—3—4—5—6—7—8—9—10
11、抽象思考能力 0—1—2—3—4—5—6—7—8—9—10

B、列出最突出的三種天賦特長：

1、

2、

3、

C、回答以下的問題：

1、哪些事情是我喜歡做的？

2、哪些事情我做得很好？

3、過去所做的哪些事情曾經帶給我成功與快樂的感覺？

4、哪些事情對我而言是容易學、容易做的事？

5、哪些事情會吸引我？

6、哪些事情是我有強烈慾望想學、想做的事？

7、哪些事情能讓我進入忘我境界？

8、我所尊敬或崇拜的人是誰？

9、我所崇拜的人的專長領域爲何？

成功者的對話

*當你開始做眞正喜歡的事業，你的一生中，將不會有任何一天，是用來工作。

*成功的關鍵是找到你眞正喜歡做的事，然後設法以做這件事來賺錢過好生活。

*把天賦智能轉變成一生的賺錢能力，找到能應用自己天賦特長的專業與工作，專注於能力的提升，這是成功最快的捷徑。

把天賦特長變成競爭優勢

如果沒有競爭優勢，就不必去競爭，在每個市場的塊面，若無法成為第一名或是第二名，我們就會退出那塊市場。

GE前執行長傑克威爾許

傑克威爾許（Jack Welch），奇異電器（GE）前執行長，被公認是二十世紀最偉大的CEO，他領導GE創下連續十二年獲利成長的紀錄，他把GE從一年營業額八億美金的公司，提高到五百億美金規模的跨國巨人，他有一句名言：「如果我們沒有競爭優勢，就不必去競爭，在每個市場的塊面，若無法成爲第一名或是第二名，我們就會退出那塊市場。」

傑克威爾許「競爭優勢」的經營哲學，在這個激烈競爭的時代，特別發人深省，他點出：在競爭無比的環境格局下，無論是企業或是個人，如果沒有競爭優勢，就很難獲得成功。想要成功的人不僅要認清並且接受社會競爭的本質，更要有「個人競爭優勢」的觀念。

培養「個人競爭優勢」有一個很重要的策略，叫做「專注核心」策略，它基本的概念是：把天賦特長當成自己事業的核心能力，將心力聚焦於不斷改善核心能力，培養自己的核心競爭力，直到成為專業領域中領先者，擁有第一名或第二名的競爭優勢（以圖表示）。

生涯策略規劃專家伯恩崔西（Brian Tracy）說：「當你開始做眞正喜歡的事業，你的一生中，將不會有任何一天，是用來工作。」美國許多白手起家的成功人士表示：成功最快的途徑，就是把天賦特長轉化成核心能力，創造核心的產品與服務，用來賺錢過好日子。當你將天賦特長轉化成賺錢能力時，你會把工作看成興趣，全心全意的投入，當別人把每天八小時的工作視爲繁重的壓力時，你卻能每天投入十幾個小時，專注而努力地追求自己的興趣與理想，絲毫不以爲苦，成功的機率當然比別人高。

以個人天賦特長爲基礎的核心能力，必須依賴不斷學習相關的專業知識和持續練習相關的技能，經過長期累積，才能將個人的核心能力，提升爲個人的核心競爭力，當你的核心競爭力達到贏者圈的水準，進入前10％的領先群，即具備個人競爭優勢。

在企業競爭策略中有一個重要的理論稱爲要塞理論（Citadel Strategy），它說每一家企業都有核心業務，核心業務通常是建立在企業的核心能力之上，可是當企業成長之後，往往會把核心業務視爲理所當然，忽略了核心業務的重要性，而把時間與資源投入到非核心業務上，企業經常犯的最大錯誤就是過度偏離自己核心能力以及核心業務。如同克里斯盧克與詹姆士艾倫（Chris Zook & James Allen）在《從核心獲利》（Profit from the Core）一書，指出：「公司面臨競爭的壓力，以及市場萎縮時，最佳最聰明的策略，就是回到核心。」核心能力與核心業務就像中古時代歐洲國王的城堡要塞，中古時期歐洲的城市發展是以城堡爲中心，隨著人口增加，逐步往外擴張，城牆是以同心圓的方式一圈一圈往外修築，當遇到外敵入侵抵擋不住攻擊時，就一層一層往核心撤退，最後撤退至核心堡壘，堅守堡壘等待反攻機會或救兵到來。

要塞理論的原理也同樣適用於個人策略規劃，個人成功的關鍵在於不斷地強化核心能力，形成競爭優勢，即使個人已經小有成就，也要切記：勿將個人的核心能力視爲理所當然，仍須不斷地吸收新知、更新技術，強化個人核心能力的要塞堡壘，才能因應競爭對手不斷的挑戰。

另外，在個人競爭策略中有五個重要的原則：

一、專門化（specialization）原則：

根據自己的天賦特長，選定與自己興趣、特長相符的專業工作領域，培養專業知識與技能，成爲個人專業核心能力。

二、差異化（differentiation）原則：

在相同專業領域中，找出專業領域中的競爭對手，將目標鎖定專業領域贏者圈的成員，除了一方面向贏者圈學習之外，同時必須設法發展出差異化的競爭優勢。

三、區隔化（segmentation）原則：

進行市場區隔，應用80/20法則，找出最重要的目標客戶群，專注於提供最好最快的服務。

四、集中化（concentration）原則：

集中所有時間、能量、資源，用來達成前三項的策略方向。

五、定位化（positioning）原則：

把個人視爲一種品牌，爲個人的品牌作好定位，先思考你希望在別人心目中建立什麼樣的印象與聲譽，接者用行動去不斷地強化這個品牌印象。

美國紐澤西Devils曲棍球隊的前主席Bob Butera被問到「如何成爲贏者」，他說：「贏者與輸者的區別是，贏者所有時間都專注於他們能夠做的事情上，而不會把心思放在不能做的事情，如果選手是偉大的射手，而非偉大的溜冰者，我們教導他只想著射球這件事，不要花心思想在溜冰速度上超越別人。」人生的賽局中，贏者絕非萬事通，贏的秘訣在於專注，專注於發揮自己的天賦特長成爲個人的競爭優勢。

成功者的對話

*如果我們沒有競爭優勢，就不必去競爭，在每個市場的塊面，若無法成為第一名或是第二名，我們就會退出那塊市場。

*當你開始做眞正喜歡的事業，你的一生中，將不會有任何一天，是用來工作。

*成功最快的途徑，就是把天賦特長轉化成核心能力，創造核心的產品與服務，用來賺錢過好日子。

*公司面臨競爭的壓力，以及市場萎縮時，最佳最聰明的策略，就是回到核心。

*贏者與輸者的區別是，贏者所有時間都專注於他們能夠做的事情上，而不會把心思放在不能做的事情，如果選手是偉大的射手，而非偉大的溜冰者，我們教導他只想著射球這件事，不要花心思想在溜冰速度上超越別人。

一人總裁

在每個領域中，前3％的最頂尖人士，都有一種特殊的態度，使他們跟普通人不一樣。這個態度是他們在全部工作生涯當中，無論誰付他們薪水，他們都把自己視為自我僱用者。

要成爲頂尖的專業人士，培養專業的態度最爲重要。幾年前，在紐約有一項研究，研究者發現：在每個領域中，前3％的最頂尖人士，都有一種特殊的態度，使他們跟普通人不一樣。這個態度是他們在全部工作生涯當中，無論誰付他們薪水，他們都把自己視爲自我僱用者，他們把公司的成敗當成自己的責任，就好像自己擁有公司一般。

這種自我僱用的態度，使他們把公司內的上司、同僚與下屬，及公司外部的顧客，都當成最重要的客戶來看待，因此他們會努力提高工作效率，提供最好的服務，幫助每一位客戶解決問題，滿足他們的需求，因此，他們比一般人更快、更容易從衆多競爭對手中脫穎而出。

任何一家成功的公司，它的目標是使公司的股票變成績效卓越的「成長股」，或是深具投資價值的「潛力股」，為了達成這個目標，它必須有優秀的領導人，擘畫公司的願景，建立優質的企業文化，定期做好策略規劃，持續改善內部管理的效率與效能，以降低經營成本，提高產品品質，另外，積極而有策略地進行行銷活動，專注研發高價值的商品，以及強化公司人力資源的培訓，都是發展公司競爭優勢的必要手段。

同樣的道理，當你把自己視為一人公司的總裁時，你的目標為讓個人事業快速起飛，收入每年穩定成長，為了達成個人專業發展的目標，你必須像經營公司一般，來經營自己，並且負起完全的責任，因為「一人公司」內只有一個員工，那就是你自己，沒有其他人會來幫助你，你必須下定決心，扮演好「一人總裁」的角色，為自己的專業發展負起完全的責任，因此，你必須做好以下的責任：

一、自我領導：

設法釐清自我的理想、願景、目標、價值，作為一生事業發展的動力，並且保持樂觀的態度，當自己的啦啦隊，時常激勵自己，對自己說 I can make it!

二、自我規劃：

運用個人策略規劃的技巧，建立短、中、長期明確的事業目標，規劃具體可行的行動計畫，並且立即採取行動，養成每天朝目標前進的習慣，直到百分之百完成目標為止。

三、自我管理：

運用「目標管理」以及「80/20法則」，養成每天擬定工作計劃的習慣，將時間、能量與資源，集中用來處理有助於達成目標的高價值活動，另外，你要學習時間管理的技巧，幫助你提高工作的效率以及效能。

四、自我行銷：

建立口碑是自我行銷的主要任務，讓工作中所有關係人（包括公司內的上司、同僚、下屬，以及公司外的合作廠商與客戶）認識並信任你，建立一個專業、努力、正直、守信、可信賴的形象，對事業發展有關鍵性的影響。

五、自我發展：

設法找出自己的特長，選擇適合自己特長的行業與專業，透過不斷的學習，將特長培養成專業能力，並以進入專業贏者圈，作爲專業發展的目標，以卓越的專業能力，作爲自己的競爭優勢。

許多年輕人一生的目標就是當上總裁，事實上，無論你現在的職位是什麼？你隨時可以是「一人公司」的總裁，如果你無法扮演好一人總裁的角色，你如何能勝任「百人總裁」、

「千人總裁」、甚至是「萬人總裁」呢？當總裁需要練習，想成為張忠謀，先從「一人總裁」做起吧！

多走一哩路，那裡絕不會有塞車

無論你的工作是什麼，成功唯一的方法是在別人期望之外，提供更多、更好的服務。

美國作家O. Mandino

「成果導向」（result orientation）是所有成功者最重要的思考習慣之一，因為他們知道「成果決定報酬」的道理，報酬多少是由你所創造工作成果的多少所決定，老闆不會在乎你做什麼、做多少以及如何做，老闆真正在乎是你創造多少工作成果與績效，如果你創造的工作成果低於老闆僱用你所付出的成本，結果就是職位不保，若是成果不如老闆的預期，你頂多能保住飯碗，但是加薪升遷恐將與你無緣，唯有成果超出老闆預期，才是加薪、升遷最快速的方法。所以，聰明的工作者會採取「聚焦於成果而非聚焦於活動」的思考策略。

電視名節目主持人鄭弘儀曾說過一個故事：

在共產蘇聯期間，有一個國外的觀光客，到莫斯科去參觀，有一天看到兩個工人正在馬路邊工作，第一個工人在草地上挖了一個直徑大約一公尺的大洞，接著看到第二個工人走到剛挖好的洞口，再把洞努力地填平。於是，這位外國觀光客很不解地問工人說：「這個洞才剛挖好，爲什麼你馬上把它填平」，第二個工人回答說：「上級交代我們三個人負責在這裡種樹，第一位負責挖洞，第二位負責把樹放進洞裡，我則是負責把洞填平，今天剛好第二位請假沒上班。」

上述的故事，看似荒繆，仔細想想，一般人的作法、想法不也類似蘇聯這兩位工人嗎？大部分人的心態通常是把焦點擺在活動上而非成果上，心想反正老闆指示我做什麼，照做就好了，結果如何是老闆家的事，跟我無關，等到老闆指責的時候，只好委屈地回答：我就算沒有功勞，但也有苦勞啊！

成功者的態度不只是聚焦於成果，他們更有一種積極的心態，期許自己能做到「貢獻大於別人預期」，誠如美國作家曼帝諾（O. Mandino）所說：「無論你的工作是什麼，成功唯一的方法是在別人期望之外，提供更多、更好的服務。」因此成功者除了經常問自己：公司爲什麼付我薪水？我受雇來完成什麼樣的成果？接下來，他們會思考：要如何做，才能著創造工作成果大於老闆或是公司的期望。

有二十世紀全球最偉大CEO美譽的奇異電器（GE）前執行長傑克威爾許（Jack Welch

）曾分享他成功的秘訣，有一次在他的新書發表會上，一位年輕人問他說：「你在我這個年紀的時候，你是如何從眾多優秀又有企圖心的同事當中脫穎而出？」，傑克回答說：「年輕人，你提的是一個非常好的問題，也是一個值得注意的重點。首先你必須了解"get out of pile"的重要性」，「要讓你的老闆從眾人當中發現你、重用你，首先你必須了解一個簡單的原則：當你的老闆問你一個問題，交辦一項專案，或是交待你蒐集某些資料時，你必須了解你的老闆早已知道他想要的答案，事實上，老闆只是要透過你的手，去確認他的想法。」傑克繼續說道：「一般人通常只是回答遵命，接著趕快找到老闆要的答案，交差了事。而我的想法跟一般人不同，當老闆向我提出一個問題，我會把這個問題當成重要的跳板，衍生許多點子與想法，最後回覆老闆的不只是一個答案，而是更多老闆不曾想到的觀點、選項與創意，你的目標應該設定在，增加老闆原先想法的價值，並且超越老闆的期望。」他堅定地說：「如果你了解到以上這個原則，你就可以很快地從眾多的同事當中脫穎而出，因為99.9%的員工之所以無法從一堆人當中脫穎而出，是因為他們不懂得思考，當你懂得這個原理時，你的老闆會不斷地交辦更多的問題與任務，不久之後，你就會變成那個問問題的人。」

「貢獻大於預期」是傑克威爾許的成功秘訣，其中的邏輯很簡單，想要升遷發展必先獲得老闆的賞識，獲得老闆賞識的秘訣在於創造工作成果大於老闆的期望，有句英文名言說：「多走一哩路，那裡絕不會有塞車」（Go the extra mile. There are never any traffic jams on the extra mile），在別人的期望之外，多做一些貢獻，沒有任何人可以阻止你。

進入贏者圈

無論你選擇什麼專業領域，你的生活品質是由追求卓越承諾的深度所決定。

伯恩崔西

大部分成功人士都有一種「追求卓越」的特質，在他們的工作生涯中，很早就立下追求卓越的自我承諾（commit to excellence），無論要付出多少代價、做出多少犧牲、投入多少時間，他們都願意付出，決心成為專業領域中的佼佼者，誠如美國個人策略規劃專家伯恩崔西所說：「無論你選擇什麼專業領域，你的生活品質是由追求卓越承諾的深度所決定。」

在任何競爭的場域當中，無論是戰爭、選舉、商場以及職場的競爭，我們通常可以發現贏者優勢的原則（the winning edge theory），這個原則說：贏者比一般人在能力上雖然只贏一點點，通常只領先3％，但是結果卻是贏者通吃的局面。這種例子俯拾皆是，例如，美國或是台灣的總統大選，勝選者比敗選者選票差距有時不到1％，結果卻是贏者全盤拿去，不管你服不服氣，這就是社會的遊戲規則。

在贏者通吃的遊戲規則下，每個專業領域都有所謂的「贏者圈」（winning circle）現象，贏者圈是指專業領域中前10%的領先者，這些人的能力或許只比其他競爭對手強3%，但是他們的收入是其他人的五至十倍。想成爲贏者，你必須像排隊吃自助餐一樣，排在最前面的人，可以很快享受美食佳餚，如果你要獲得相同的結果，必須做到兩件事，第一、趕快去排隊，第二、堅持留在隊伍裡，決不半途放棄。追求卓越的人也是一樣，必須設法進入贏者圈，成爲專業領域的前10%的領先者。

追求卓越的人必須思考「如何進入贏者圈？進入贏者圈有哪些策略？」首先，必須從你的興趣、特長、理想與願景當中，尋找並且確定自己一生眞正想投入的專業領域，把進入專業前10%贏者圈當成追求卓越的具體目標，然後找出贏者圈內是哪些人？他們是如何賺錢？你跟贏者圈的人有什麼不同？贏者圈的人有什麼特殊的知識與技能？找出你與贏者之間的差距，去除這些差距必須付出哪些代價，做好周詳的計畫，採取行動趕快付出該付的代價。

若想成爲專業領域前10%的領導者，首先要進行專業能力的分析，事實上，每一種專業或是工作都有其「關鍵成果領域」（the key result areas），又稱爲關鍵任務（key tasks），它是指一份職務的最重要的任務和責任，完成關鍵任務是老闆每個月付薪水僱用你的原因。

通常每一份專業工作（job）會包含五到七種關鍵任務，例如專業經理人就有計劃、組織、用人、授權、監督、評估及報告等七種關鍵任務，而且每一項關鍵任務都很重要，只要有一項任務表現非常差，都會嚴重影響到整體的績效表現，此外，要完成每一項關鍵任務，都須具備相關的知識與技能。

想要進入贏者圈，必須檢視你的職務內容有哪些關鍵任務，如果你實在不清楚，可以找你的老闆、上司、同事或下屬討論，直到有清楚的答案爲止。接著，把「關鍵成果領域」所需具備的知識與技能，列爲重要的學習目標，擬定長期的學習計畫，例如閱讀相關書籍、聽相關的教學影音教材、參加相關的課程及研討會，養成每天學習的習慣，以強化專業知識與技能，直到達到贏者圈的專業水平爲止。

想要成功的人必須養成「卓越導向」的思考習慣，要早早立定志向，決心加入專業贏者圈，不僅要在工作上追求卓越的表現，更要每天學習新的知識與技能，讓自己天天進步，絕不失去前進的動能。當你在工作上表現卓越，不僅可以大大提高自己的自尊、自信與成就感，同時也可以獲得別人的尊敬與稱讚，另外，卓越表現也是使自己加薪、升遷最快的途徑，就像伯恩崔西所說：「如果你讓自己變成專業領域中的頂尖高手，那麼沒有任何事情能阻礙你獲得更高的收入以及更快的升遷。」

超越心理障礙邁向成功

一個人對抗失敗最大的戰爭是在自己內在而非外在。

約翰麥克斯威爾（John C. Maxwell）

人生就像一場馬拉松式的障礙賽，追求一生的目標，除了要跟其他人競爭之外，還得隨時不斷地超越障礙，美國作家高達德（Eliyahu Goldratt）在他的著作《目標》一書，提出限制理論（the theory of constraints），他說：「在你和你想完成的目標之間，永遠存在一些限制因素，這些限制因素決定你能否達成目標，以及多快能到達你想要去的地方。」換言之，在現況與理想目標之間，永遠存在著障礙與限制，所追求的目標愈大，則面臨障礙與限制也就愈大。

限制的80/20法則

義大利經濟學家派瑞多（Vilfredo Pareto）在一八九五年提出「80/20法則」，被用來解釋人類活動的普遍現象，這個法則也能用來解釋限制理論：80%的人生障礙是出在自己身上，只有20%是受限於外在環境因素，換言之，通往目標道路上的最大障礙通常是自己，80%的限制因素都出在自己的性格、脾氣、技能、習慣、教育以及經驗等，正如美國領導學專家約翰麥克斯威爾（John C. Maxwell）在書中指出的「一個人對抗失敗最大的戰爭是在自己內在而非外在。」

如何判斷限制是「內在因素」或是「外在因素」？最簡單的方法是，檢視是否有其他人已經達到你理想的目標，如果答案是yes，代表你的限制因素是自己內在的因素，而非外在環境因素，因爲別人已經證明外在障礙可以被超越，別人能而你不能，則表示限制是在你的身上，而不是在外在環境。

限制成功的四種心理障礙

通往成功的路上，一般人通常會有以下四種心理障礙：

障礙一、害怕（fear）：

害怕失敗、害怕貧窮、害怕失去、害怕困窘、害怕被拒絕，都是阻礙個人著手去實現理想與目標的重要心理障礙。

障礙二、自我懷疑（self-doubt）：

許多人會懷疑自己的能力，習慣於跟別人比較，覺得別人比較好，比較能幹，比較聰明，懷疑自己不夠好。

障礙三、學習而來的無助感（learned helplessness）：

美國Pennsylvania University教授Martin Seligman博士，花費二十五年的時間，研究發現：80％的人都患有不同程度的「學習而來的無助感」，它是指：許多人在孩提時代所受負面批評及成長階段所經歷的各種挫折與失敗經驗，會累積形成的負面自我印象，使他們感到自己沒有能力去完成任何目標或是改善生活。

障礙四、安於現狀（the trap of the comfort zone）：

許多人都有安於現狀的傾向，他們寧可待在舒服的現狀，不願意做任何的改變，但是安於現狀是扼殺個人的企圖心與成就慾望的元兇，尤其是當環境發生劇烈改變時，安於現狀的人，往往無法適應變遷，產生適應不良的問題。

克服心理障礙的良方

一、以勇氣克服害怕：

馬克吐溫（Mark Twain）說過：「勇氣是抗拒恐懼、戰勝恐懼，而非缺乏恐懼。」每一個人都會害怕，這是正常的心理反應，恐懼並不可怕，可怕的是缺乏面對恐懼的勇氣，逃避恐懼才是造成問題的根源，當你拒絕面對恐懼，恐懼就會在你的內心滋長，直到完全控制你的生活為止，同時你的自信心與自尊心則會隨恐懼不斷地萎縮，克服恐懼需要勇氣，這也是一般人最缺乏的德行，英國前首相邱吉爾說：「勇氣是一個人最重要的美德，其他的德性都依附在勇氣之下。」當你發揮勇氣直接面對恐懼，著手處理恐懼，恐懼就會立刻消失，如同艾默生（Ralph Waldo Emerson）所寫：「終身養成一個習慣，做你害怕的事情，如此做，恐懼的消失是必然的。」

二、以思考建立自信：

自我限制與自我懷疑是自我超越最大的限制因素，如何超越自我懷疑的心理障礙，是每一個追求成功的人必須學習的第一課，就像哲學家威廉詹姆士（William James）所說：「我這一世代最偉大的發現就是，藉由改變內心的態度，人們可以改變他們的人生。」克服自我懷疑的關鍵在於建立正面的自我概念，承認自己擁有無限的潛能，正視自己具備獨一無二的天賦特長，認清自己腦中有取之不盡的創意，和一輩子用不完的學習能力，因為你的能力是無限，所以成就也就無限，當你有這樣的想法時，對未來、對自己就會充滿信心。

三、以自我挑戰跳脫安於現狀的陷阱：

成功者的思考聚焦於進步上，普通人則想著如何維持現狀，安於現狀的人不可能有偉大的成就，克服安於現狀最好的方法就是不斷的自我挑戰，每次為自己設定一個較大、較具挑戰性的目標，做好詳細的計畫，每天根據計劃努力執行，直到目標達成為止，在不斷的自我挑戰過程中，潛能獲得充分的發揮，自我得以進步成長，這是人類保持活力的秘訣。

四、消除「學習而來的無助感」：

無助感是人生的大敵，它是長期累積所形成，不容易一次完全改變，必須先從簡易的目標著手，等小目標完成後，再設定完成大一號的目標，目標一次比一次困難，循序漸進，經過一段時間，才能培養出足夠的勇氣與自信，完全克服「學習而來的無助感」。

所謂「天下沒有白吃的午餐」，凡是成功都須付出代價。在這場人生馬拉松障礙賽局中，你自己的責任是找出成功路途中的所有障礙，無論是內在或外在的障礙，設法排除障礙，這是追求目標必須付出的代價，愈早付出代價者，就是離目標愈近的人。

成功者的對話

*一個人對抗失敗最大的戰爭是在自己內在而非外在。

*勇氣是抗拒恐懼、戰勝恐懼，而非缺乏恐懼。

*勇氣是一個人最重要的美德，其他的德性都依附在勇氣之下。

*終身養成一個習慣，做你害怕的事情，如此做，恐懼的消失是必然的。

*我這一世代最偉大的發現就是，藉由改變內心的態度，人們可以改變他們的人生。

Part 5
個人策略與工作生活

你必須先使你的生產力加倍,然後收入加倍的美夢才可能成真。

挽救「失衡的人生」

生命的花田包含三個重要區塊，那就是工作、家庭與內在自我，每一塊都是生命所不可或缺的部分，而三者之間彼此相互影響，三者都需要時間去灌溉、耕耘與培養，才能長出燦爛的花朵及甜美的果實。

每個人的生涯中，最企盼的事，莫過於有一份好工作，在短期內薪水能夠加倍，同時有加倍的自由時間，用來陪陪家人、出國旅行或是從事各種有興趣的活動。事實上，生命的花田包含三個重要區塊，那就是工作、家庭與內在自我，每一塊都是生命所不可或缺的部分，而三者之間彼此相互影響，三者都需要時間去灌溉、耕耘與培養，才能長出燦爛的花朵及甜美的果實。

在理想上，一個完整而成功的人生，是在追求工作、家庭與內在自我三者的平衡，當三者能充分兼顧時，你會覺得生活是快樂的，生命是有意義的，未來是充滿機會與希望的，這就是古希臘哲人所揭示的「生命的意義在於快樂的追尋」。

避免失衡人生，提升個人生產力

但是對於多數終日忙碌的台灣人而言，這種理想的人生似乎是一種不敢想像的奢望，無止盡的工作壓力與家庭責任壓得人喘不過氣來，幾乎沒有時間與心力去思考人生意義這個問題。最近有項調查發現：台灣地區約有五分之一的成年人，認為自己的生命缺乏意義。這項數據其實已經說明了，台灣社會為什麼每天有那麼多人得到憂鬱症及層出不窮的自殺事件。

失衡的人生其實是很多現代人共同的問題，要生活就必須得工作，競爭及工作壓力就是你必須付出的代價，另一項事實卻是無效率、低生產力的工作方式，使得工作時間愈拖愈長，往往會犧牲掉你的家庭及休閒的時間，所謂的「HARD TIME」會擠壓掉「SOFT TIME」，從這個角度觀察，要達成平衡的生命目標，關鍵還是得從提高生產力著手，如何在每天有限的工作時間中，提高生產力，增加工作效率與效能，不斷提升工作績效及個人價值，不僅可以使你的收入加倍，同時可以擁有更多可支配的時間、心力及資源來追求平衡的人生及快樂的自我。

要提升個人生產力，首先得清楚地釐清以下五個問題：

一、你最重要的工作目標與績效標準是什麼？

二、達成目標最佳的方法或途徑是什麼？

三、你所選的最佳途徑，它的基本假設是什麼？

四、你的基本假設是否可能是錯的？

五、如果基本假設是錯的，是否有其他的替代方案？

利用這五個關鍵問題，不斷地質問自己，如果自己無法得到清晰的答案，可以請教你的老闆、上司或同事，請他們以誠懇、直率、毫無保留的態度給予建議，直到有清楚的答案爲止，答案愈清楚，犯錯的機會愈少，成功的機會愈高，達成績效與提高生產力的機率也就愈大。

培養優先順序的判斷力

因爲這五個關鍵問題，能夠幫助你釐清，對你個人及整體公司而言，眞正重要的工作目標、績效標準及工作方法是什麼？有了清楚的答案，就能建立判斷優先順序（priority）的清楚標準，凡是對達成目標、績效及最佳方法有幫助的活動都是重要的活動，凡是對目標沒有幫助的活動，都是一種時間、精力的浪費，必須養成能拒絕就拒絕，能拖延就拖延，能不做就不做的習慣，這就是所謂「策略性的拖延」，節省下來的時間及精力，則專心用於從事有助於目標與績效達成的重要活動上。幾年前，在美國有一項調查，訪問數百位成功的商業領袖，問到：「你認爲哪一種能力對事業成功最有幫助，也希望你的部屬擁有相同的能力？」多數企業家的答案是「優先順序的判斷力」。

另外，由於知識、技術及競爭的快速發展，使得外在環境的變遷，愈來愈快速，方向愈來愈不可預測，處在這個多變的環境下，保持彈性非常重要，因爲過去的成功經驗不保證未來一定有效，保持彈性是一個有效的方法，就是定期運用這五個關鍵問題，根據最新資訊，重新界定工作目標、績效標準、最佳方案、基本假設與備選方案，使你永遠在正確的時機，做最正確的事（In the right time , do the right thing），這是在多變的時代提升生產力的不二法門。

提高生產力的三個關鍵

目標與行動計劃對人類而言是何等重要，人類的一生中最重要的三塊花田：工作、家庭與內在自我，如果少了清楚具體的目標與行動計劃，一生註定一事無成，生命花田最後只能任其荒蕪。

多數人都有過被「放鴿子」的經驗，但是有眞正養過鴿子、放過鴿子的人恐怕不多，如果你養過鴿子，你一定有類似的經驗，在腦中想像一下，從你的養鴿棚裡，抓出鴿子，放在鴿子籠中，蒙上黑布，帶著鴿子籠放在車子的後座，開車從台北家裡出發，開上高速公路，直奔屏東，下了高速公路後，開上省道，繼續往鵝鑾鼻前進，到達目的地後，拿出籠子，掀開黑布，打開籠子，抓出鴿子，拋向天空，接下來想像會發生什麼事？答案是：鴿子會飛上天空，轉三圈，接著直接朝台北的鴿子棚飛去，幾個小時後，它就能回到台北的家。

事實上，世界上的所有生物當中，具有目標指向之生物潛能的動物，除了鴿子外，就僅有人類具有此一特殊能力，人有了清楚的目標，才能激發潛能，採取行動，這個原則也適用在工作的行爲上，目標愈清楚，工作動機愈強，行動愈迅速，完成目標的機率愈高。

另外，運用你的想像力，假設台北市一夕之間所有路標、門牌都消失無蹤，沒有住址也沒有地圖，你從南部北上要拜訪一位從未謀面的親戚，而這位親戚只告訴你她家的房子長得什麼樣，有什麼樣的前院等等，請問：你將花多少時間才能到達這位親戚的家？答案是：「你花一輩子的時間，也未必找得到。」這個故事告訴我們一個事實：如果沒有清楚而具體的行動計劃，就如同缺少地圖、路標、及門牌號碼一般，要達成目標變得無比困難。

以上兩個故事說明了：目標與行動計劃對人類而言是何等重要，人類的一生中最重要的三塊花田：工作、家庭與內在自我，如果少了清楚具體的目標與行動計劃，一生註定一事無成，生命花田最後只能任其荒蕪。

設定清楚目標、規劃具體行動計畫

美國著名的個人策略規劃、時間管理的作家伯恩崔西（Brian Tracy）指出：要提高工作生產力有三個重要步驟：一、要有清楚的目標，二、有清楚且是書面的行動計劃，三、設定工作的優先順序，從最重要的工作開始著手。

一個有效的工作目標，必須是具體（specific）且可以衡量的（measurable），它必須是可被相信（believable）、可以完成的（achievable），它必須用書面寫下來（written）且附上完成時限（time-bounded）。前美國紐約市長朱利安尼也是採用類似的目標管理方法，建立清楚的工作目標及精確的績效量化標準，隨時追蹤目標達成的情況，推動各種市政改革，大幅改善紐約的市政陳年弊病，進而在「九一一」世貿雙塔恐怖攻擊事件中，以果斷的行動力及驚人的效率，領導紐約市民進行救災重建，贏得舉世讚譽。

伯恩崔西說：「在計劃上花一分鐘，等於在執行時節省十分鐘」，提高生產力的第二個關鍵是清楚的書面行動計劃，一般人聽到「行動計劃」的第一個反應通常是「很困難吧」及「不知如何著手」。其實，計劃的核心精神即是所謂的「紙上思考」（thinking on paper），計劃如果只停留在腦筋思考的層次，最大的問題是容易遺漏重要的細節，無法進行延展性的思考，一旦中斷思考，下次必須從新來過，無法隨時修正及補充。

計劃的起點是將完成一個目標或是一件任務所需要的每一項活動，依時間先後次序，詳列一份所有活動的清單，再根據過去的經驗及現有資訊，預估完成每一項活動所需要的時間、人力及經費預算，接著排定預定完成的時間表（timetable or deadline），即完成所謂書面的行動計劃。最後就是按表操課，永遠保持在計劃的預定軌道上，如此可以幫助你清楚地掌握目標與過程的全貌及目前的工作進度。

從最重要的工作著手

提高生產力的第三個關鍵，是設定工作的優先順序，從最重要的工作開始著手。因爲一個工作職位通常具有多重的工作任務、不同的工作目標及許多等待完成的工作計劃，職務愈高，目標及任務愈複雜，待完成的方案、計劃、事項愈多，如何在有限的工作時間中，順利且即時完成重要的工作任務，成爲每一位工作人每天最主要的挑戰。根據調查，多數美國大公司的高階主管認爲，「優先順序判斷能力」是成功的主管所需具備的關鍵能力之一。

如何判斷「優先順序」，可以應用「80/20法則」，從每天的工作清單中，找出能創造80%價值之20%的最重要工作，然後專注從事這20%高價值活動，待完成後，再進行其餘的工作項目。並且嚴格要求自己養成習慣，每天上班第一件工作，一定是去執行最重要或是最困難的工作，伯恩崔西稱之爲「eat that frog」，他說：「當你把最大、最醜那隻青蛙吞下去後，其餘的小青蛙、小蝌蚪就不算什麼了。」養成這個習慣對你一生事業成功會有著關鍵性的影響。

當然你會問「什麼工作是重要？什麼是不重要？它的標準是什麼？」，其實答案很簡單，某件工作做了或是不做的後果，如果是很嚴重的，那一定是重要的工作，例如老闆交代的或是重要客戶要求的重要任務，若無法如期完成，後果可想而知，反之，例如應同事之邀一起吃午餐、給朋友回電話之類的活動，做與不做，後果影響不大，則必然不是重要的工作。

「放鴿子」、「找親戚」及「吃青蛙」三個比喻，其實是說明設定目標、計劃行動與判斷優先順序三者，對提高工作生產力的重要性，一個想要事業成功的人，應該一輩子都要記住這三個故事，隨時提醒，自我悌勵，更重要的是立即採取行動，因爲只有行動本身才能改變行爲，帶來成功。

薪水加倍的七個工作秘訣

你必須先使你的生產力加倍，然後收入加倍的美夢才可能成真。

如果問：「你想不想使你的收入加倍？」我猜每個人的答案都是「YES」，如果我繼續問：「你相不相信現在你的收入會加倍？」，我想有一些人可能會沒把握，有一些人認爲不太可能，我告訴各位「你們每個人的收入一定會加倍」，因爲按照每年物價成長率及通貨膨脹的正常速度，二十年後你的收入一定會加倍，但是如果你希望，提前在五年內、三年內甚至一年內使你的收入加倍，你必須先使你的生產力加倍，然後收入加倍的美夢才可能成眞。

如何使生產力加倍呢？美國生涯規劃與時間管理專家伯恩崔西（Brian Tracy），集二十年實務工作經驗與研究，發現能使你生產力加倍的七個工作秘訣：

一、全心投入工作：

當你工作時，一定要全心投入工作，不要浪費時間，不要把工作場所當成社交場合，當你工作時，把頭埋進去工作裡，用工作塡滿所有時間，光這個秘訣，如果你能長期實踐，就能使你的生產力加倍。

二、工作步調快：

養成一種緊迫感，一旦投入工作，維持一種快速的節奏，有意識地養成，一次專心做一件事，並且用最快的速度完成，一件工作完成之後，立刻進入下一件工作，養成這習慣後，你會驚訝地發現，一天所能完成的工作量居然是如此地驚人。

三、專注於高附加價值的工作：

你要記住，工作時數的多寡，不見得與工作成果成正比例，精明的老闆或是上司，他們關心的是你的工作數量及工作品質，工作時數並非關切的重點，因此聰明的員工，會想辦法找出，對達成工作目標及績效標準有幫助的高價值活動，然後投入最多時間與心力在這些事情上面，投入的時間越多，每分鐘的生產力就愈高，工作績效也就提高，自然贏得老闆及上司的賞識與重用，加薪與升遷必然在望。

四、熟練工作：

當你找出最有價值的工作項目後，接者要想辦法，透過不斷地學習、應用、練習，直到熟練所有工作流程與工作技巧，累積了屬於自己的工作KNOW-HOW，當你工作愈純熟，工作所需的時間就愈短，你就可以比經驗不足的同事，更快完成相同的工作，當你技能愈熟練，你的生產力也就不斷地提升。

五、集中處理：

一個有技巧的工作人，會把許多性質相近的工作或是活動，例如，收發E-MAIL、寫信、塡寫工作報表、塡寫備忘錄……等等，集中並選在同一個時段來處理，這樣會比一件一件分開在不同的時段處理，可以節省一半以上的時間，同時也能集中注意力，提高工作的效率與效能。

六、簡化工作：

盡量簡化工作流程，將許多分開的工作步驟加以整合，變成單一任務，以減少工作的複雜度，另外，運用授權或是外包的方式，避免花費時間去做低價值的工作。

七、比別人工作時間長一些：

早一點起床，早點出門去辦公室，避開早上的交通尖峰時間，中午晚一點出去用餐，繼續工作，避開中午排隊用餐的人潮，晚上稍微留晚一些，直到尖峰交通時間已過，再下班回家，如此一天可以比一般人多出二至三個工作小時，而且不會影響正常的生活步調。善用這些多出來的工作時間，可以使你的生產力加倍，進而使你的收入加倍。

因果法則是宇宙萬物運行最重要的定律，它說有播種才會有收穫，種下什麼因，就會獲得什麼果，正如胡適先生所說：「要怎麼收穫，先那麼栽培。」如果你希望成就與收入加倍，首先你必須使自己的生產力加倍。提高生產力不僅要懂得方法，更重要是行動力與紀律，要將這七個工作秘訣默記在心裡，不斷地應用，反覆練習，直到成爲每日的工作、生活習慣，只要養成這個好習慣，一定可以使你的生產力加倍，同時收入也會加倍。

養成計畫的習慣

計畫就是把未來拉到現在，所以你可以在現在做一些事來準備未來。

艾倫拉肯

曾經擔任過IBM、Xerox策略規劃長，被彼得杜拉克譽爲最佳的策略規劃專家麥克卡密（Michael Kami）說：「那些不會計畫未來的人是不可能會有未來」，在美國各種專業領域中，前3%高績效的工作者多會養成終身計畫的習慣，一生不斷地改寫目標與行動的計畫。

計畫能力是所有領導人與成功者必備的重要能力之一，可惜的是，大部分的人都未能在工作生活當中養成計劃的習慣，就像領導學專家約翰麥克斯威爾（John C. Maxwell）所說的：「大部分人花在計畫暑期旅遊活動的時間，都遠比花在規畫人生的時間多。」這也是爲什麼成功總是少數人的原因。

計畫有句6P的名言：「Proper Prior Planning Prevent Poor Performance」，意思是說事前適當的計畫可以避免不良的績效，失敗的計畫將導致計畫性的失敗。彼得杜拉克就說：「缺乏計畫的行動往往是失敗的主因。」因此，所有想要成功的人都要從寫計畫開始，終身養成計劃的習慣。

美國作家艾倫拉肯說：「計畫就是把未來拉到現在，所以你可以在現在做一些事來準備未來。」當你決定人生的方向，知道自己眞正要什麼之後，接下來必須回到現實來，而計畫就是連接目前與未來、現狀與目標之間的橋樑，有了計畫才知道要花多久的時間來完成目標，計畫就像地圖，是所有成功的旅者，必備的工具。

規劃任何目標的行動計畫，從目標設定到完成有七個重要的步驟：

一、決定你眞正要什麼。

二、把它清楚地寫下來，作爲目標。

三、爲目標設定完成的期限以及具體的成果標準。

四、把達成目標所必須完成的事項列一張工作清單。

五、把清單上所有事項，按重要性以及時間順序分別排序，做成一份行動計畫。

六、立刻根據行動計畫的優先順序，採取行動開始執行。

七、養成每天做的習慣，每天朝目標一點一點邁進。

工作清單是時間管理的基本工具，記住，永遠在紙上進行思考，按照工作清單開始做起。

工作清單必須有組織，一種是按重要程度來組織，將所有任務與活動，排出重要性的優先順序，找出關鍵的任務。另一種按先後次序組織，將所有任務與活動，排出時間先後順序，找到行動的先後次序。

工作清單的計畫程序是：列出完成人生目標必須做的工作事項作爲主要清單，接著將主要清單轉換成年度工作清單；將年度工作清單轉換成每月工作清單；將每月工作清單轉換成每週工作清單；將每週工作清單轉換成每日工作清單。

根據上述的計畫思考程序，可將工作清單細分爲五類：

一、每日工作清單：在每天工作結束之後的晚上，準備隔天的工作清單，將今天未完成的工作事項，載入隔日的工作清單上，再加入明天預計完成的工作事項。

二、每週工作清單：每個星期天晚上，將隔週所要完成的工作事項，列爲每週工作清單。

三、每月工作清單：每月最後一天，將下個月預計完成事項，列爲每月工作清單。

四、每年工作清單：在每年最後一個月，列出隔年必須完成的事項，作爲每年工作清單。

五、目標的主要清單：把完成未來五年主要的人生目標，所必須完成的事項，列一份完整的工作清單。

企業界有句名言「計畫上多花一分鐘，執行時可節省十分鐘」，計畫的投資報酬率一般可達到十倍以上，是各種投資活動中最有價值的投資。因此，成功者無不重視計畫，他們會在事前規劃好良好的計畫，養成按照計畫執行的紀律，並且在最短的時間內完成目標，所以他們比一般人能在相同時間內獲得更多的成就，這也印證「一等人計畫明天的事，二等人處理現在的事，三等人解決昨天的事」這句話。

成功者的對話

*那些不會計畫未來的人是不可能會有未來。

*大部分人花在計畫暑期旅遊活動的時間，都遠比花在規畫人生的時間多。這也是爲什麼成功總是少數人的原因。

*事前適當的計畫可以避免不良的績效，失敗的計畫將導致計畫性的失敗。

*缺乏計畫的行動往往是失敗的主因。

*計畫就是把未來拉到現在，所以你可以在現在做一些事來準備未來。

*計畫上多花一分鐘，執行時可節省十分鐘。

*一等人計畫明天的事，二等人處理現在的事，三等人解決昨天的事。

培養優先順序判斷力

你永遠不可能有足夠的時間，用來完成所有必須要做的事，但是，你一定有足夠的時間，用來完成最重要的事情。

時間管理上有句名言：「你永遠不可能有足夠的時間，用來完成所有必須要做的事，但是，你一定有足夠的時間，用來完成最重要的事情。」時間管理的精髓就是優先順序的判斷與選擇能力，因爲時間是有限而寶貴的，所以時間的利用必須是有選擇性的，缺乏優先順序判斷能力的人，不會善用時間，一生成就將受到侷限，因此，優先順序判斷能力決定個人一生成功或是失敗。

根據美國所做的一份調查顯示，大多數公司的高階主管認爲，「優先順序判斷能力」是成功的主管所需具備的關鍵能力之一。他們認爲缺乏「優先順序判斷能力」的員工或是主管，往往無法區分工作的輕重緩急，在時間管理上出現嚴重的問題，使重要工作無法如期完成，績效達不到預期的水準，造成公司蒙受重大的財務損失。

優先順序是根據事件的重要性與價值高低，進行判斷、決定是否採取行動。以下是幾種常見的優先順序分析分法：

一、「80/20法則」判斷法：

「80/20法則」是時間管理最重要的概念，它又叫做派瑞多法則（Pareto Principle），最早是在一八九五年，由義大利經濟學家派瑞多（Vilfredo Pareto）所提出，派瑞多研究發現一個社會的所有人口，基本上可分爲兩個群體，一個是佔20％人口，所謂「重要的少數」，以及佔其餘80％人口的「不重要多數」，20％的「重要的少數」擁有全社會80％的財富與影響力，其餘80％的「不重要多數」，只擁有20％的財富與影響力。後來發現這個「80/20法則」也普遍適用於解釋所有的經濟活動，也就是任何一項經濟活動，只有20％的經濟行爲是屬於重要的行爲，它能創造80％的財富與價值，其餘80％的行爲則屬於不重要的行爲，只能創造20％的財富價值。例如一家公司80％的利潤是由20％的產品所創造，組織裡20％的員工，創造80％的收入，企業20％的客戶，貢獻80％的營收　等等。

「80/20法則」也適用於個人行爲與活動上，在日常生活中，20％的活動是屬於重要的活動，可以爲個人創造80％的價值，其餘80％的活動，屬於不重要的活動，僅能創造20％的價值。例如，一天的工作生活中，眞正能幫助你事業成功，完成理想與目標的活動，大概只佔所有活動的20％的比例，其餘80％的活動，鮮少有助於達成人生目標。理性的人在追求最大利益原則下，會選擇去做20％的重要活動，儘量避免去從事80％的不重要活動。在時間管理實務的應用上，你必須養成一種重要的習慣，從每天的工作清單中，找出20%最重要、最有價值的活動，然後集中時間與精力，專注做這些重要的工作，自然可以創造最高的個人價值。

至於80%不重要的活動，可以採取創意性拖延的策略（the strategy of creative procrastination），所謂「創意性拖延」是指一種有意識的選擇性拖延，它跟一般人的拖延習慣正好相反，一般人通常有一種無意識的拖延傾向，當面對困難度高以及非常重要的任務時，經常不會立即採取行動，往往會不斷地拖延，直到時限迫近，才在壓力下開始進行，這種未經思考的拖延習慣，常常導致嚴重的負面後果。創意性拖延正好相反，它選擇盡量拖延不重要以及低價值的活動，將大部分時間保留來，完成高價值的任務。「只要你能控制時間，就能夠控制生命」，應用80/20法則以及創意性拖延，可以幫助你有效地管理時間，使你的生活變得有秩序，有一定的節奏，每天朝目標穩定地邁進，這會使人獲得一種對生活的控制感，能夠防止人生的失焦、失速與失控，這點非常重要。

二、「重要性與急迫性交叉分析法」：

一件事情的價值高低或是重要與否，可以由做或是不做的潛在後果來評估，做或者不做會產生重大後果的事情，就屬於高價值的活動，做不做都不會造成重大後果的事情，都屬於低價值或是不重要的活動。「重要性與急迫性交叉分析法」是根據工作性質的重要程度以及時間的急迫程度，把工作或是活動區分為四個種類：

1、**重要且急迫的任務及活動：**

完成時限很緊迫，如果沒有完成，造成的後果相當嚴重，例如準備老闆明天向重要客戶簡報的資料，這類的工作都是必須最優先處理，否則可能導致飯碗不保。

2、**重要但不急迫的任務及活動：**

沒有立即完成的迫切需要，但是長期而言，做與不做的後果，對於個人的事業成功與否，會造成重大的影響，例如學習專業知識、養成良好的工作習慣及定期運動保持健康等，都是屬於這類的活動。通常一般人最容易忽視、最常拖延也是這類活動。成功的企業家或專業人士，與普通人最大的區別，就是他們每天不間斷地閱讀，勤於參加各類有關課程及研討會，以充實專業知識，他們強迫自己改變拖延習性，養成每天思考、每天計劃、立即行動的好習慣，因此他們的成就與收入也會比普通人多出十倍甚至百倍。

3、**急迫但不重要的任務及活動：**

例如接聽電話、收發e-mail、同事想要找你談話　等等，每件事看起來都非常急迫，但是就後果而言，做與不做對你的工作績效或是個人成長而言，幫助非常少或是一點影響都沒有，但是一般人卻常常誤把急迫當成重要，天天活動滿檔，電話、e-mail收發不完，「忙」與「盲」因此變成了同義字。

4、既不急迫也不重要的任務及活動：

例如上班時間收聽股市行情、打電話給朋友聊天、與同事相約吃飯或喝下午茶等等，這些事與對工作績效或長期事業發展一點幫助都沒有，純屬浪費時間，但是許多人的工作生活中卻是充滿著這類活動。

成功的人必須養成習慣，每天上班，一定先集中時間與精力完成第一類重要而急迫的工作，接著努力多做第二類重要但不急迫的活動，對第三類急迫但不重要的活動，則可採盡量拖延、集中處理、與授權他人完成等方式來處理，至於第四類既不急迫也不重要的活動，則須自我要求立刻停止。經過長期的自律及練習後，會逐漸內化成爲自己工作生活的一種習慣，不知不覺中，你總是能準時完成任務、達到績效，進而獲得老闆的肯定與提拔，養成這個習慣，對你一生事業成功會有著關鍵性的影響。

三、「ABCDE」工作分類法：

害怕困難是人類的天性之一，和其他恐懼心理一樣，逃避只會使得恐懼心理不斷的擴大，消除畏難心理最好的方法，就是直接面對困難，養成每天從最困難工作著手的習慣，抗拒內心從小事情開始做的誘惑，是避免拖延的最好方法。一般人在心理上，往往認爲完成困難的工作必須花費相當長的時間，事實上，這樣的看法並非事實，根據工作行爲的研究發現：完成一件重要或是困難的工作，與完成不重要的工作相比，其實所花的時間，基本上是差不多的。因此，假如你習慣先做簡單容易的事，往往會拖延到重要任務，造成不利的後果。

進行每日工作計畫時，可以應用「ABCDE」工作分類法，幫助你找出最困難以及最重要的工作樣目，在你每天睡覺前，先把隔天所要做的工作及活動列一份清單，在每一個項目後面，依性質分類寫上A、B、C、D、E的字樣。

A類的工作或活動：

代表非常重要的事項，如果沒有完成，後果非常嚴重，例如老闆交代明天開會時要向重要客戶簡報的資料，就屬於A類事項，如果A類事項有超過一件以上，可以依重要性、急迫性的程度細分，用A-1、A-2、A-3等表示，並且切記養成習慣，永遠從A-1事項開始做起，A-1完成後，才開始進行A-2。

B類的工作或活動：

代表你需要去做的事項，但如果沒有完成，後果並不會太嚴重，相對於A類的「大青蛙」，B類不過是隻「小蝌蚪」，例如回一個不是很重要的電話或是檢查E-MAIL，沒有做只是讓人覺得不方便或是不高興而已，並不會造成任何嚴重的後果，要隨時記住「當手邊還有A事項還沒完成，決不開始做B事項」的原則。

C類的工作或活動：

代表那些"nice to do"的活動但是做或是不做，都不會有任何不好的後果，例如打電話給朋友、跟同事一起喝杯咖啡、共進午餐，或在上班時間完成一些私人的事務。謹記你必須在完成A、B事項之後，有時間才開始做C類事項。

D類的工作或活動：

是那些可以交給別人來完成的事項，必須牢牢記住：凡是可以交給別人做的工作，必須想辦法用授權或外包的方式，交給別人來完成，節省下來的時間，可以用來專心從事必須要自己親自完成的重要工作，例如A類事項。

E類的工作或活動：

是指你可以完全取消掉的工作項目，做或是不做根本沒有差別，例如有些工作過去雖然很重要，但是現在已經成效不大，做了只是浪費時間，你必須隨時檢討例行的業務或是工作項目，哪些是屬於E類的項目，儘快把它取消，以免浪費時間。

成功應用「ABCDE」工作分類法的關鍵，是你必須要嚴格自律，每天一定將工作清單根據上述分類法加以清楚標示，接著從A-1工作開始做起，一次只專心做一件事，百分之百完成A-1事項後，再依序完成其他A、B、C事項，盡快授權或外包D類事項，立刻取消E類活動，如此每天一開始就吞下最大、最醜的大青蛙後，接著要吞其他小青蛙、小蝌蚪，就變得簡單而容易，養成這個好習慣，會使你每天的工作生活變得有組織、有秩序，可以幫助你完全掌控時間，掌握工作的重點與節奏。

無論你採取哪一種分析方法，關鍵在於找出最重要、最有價值、最困難的任務與活動，列爲最優先處理的項目，把所有的時間、精力集中聚焦於這些優先項目之上，創造最佳的成果，這就是優先順序判斷力的精髓。

養成專注的工作習慣

無論你有多能幹，唯有專注，才能成就一流的事業

微軟總裁比爾蓋茲

讀者文摘曾經報導過一篇關於「天才行爲模式」的文章，文中提到天才有三種特殊的工作習慣：第一、天才會採取系統性途徑解決問題，面對問題時，不會急於下結論或是採取行動，他們會先一步一步分析問題。第二、天才會採取開放、彈性態度，對所有可能的解決方法，保持開放彈性的態度。第三、天才會保持高度的專注力，能夠長時間專注於最重要的目標與任務。

像微軟總裁比爾蓋茲這樣的天才人物就具備這種天才的行爲模式，他曾說過：「無論你有多能幹，唯有專注，才能成就一流的事業」，事實上，所有高生產力的個人都有兩種最重要的工作習慣：一個是聚焦（focus），聚焦於最重要目標、最重要的成果以及最優先的活動；另一個是專注（concentration），集中所有力量，用於完成重要任務，避免各種打擾與分心，直到百分之百完成。

聚焦與專注是人類力量的來源，就像美國著名的詩人哲學家艾默生（Ralph Waldo Emerson）寫道：「在所有人類事務當中，無論是政治、軍事、或是貿易等領域，專注是力量的秘訣。」作家Norman Vincent Peale也說：「當你把所有生理、心理的力量集中聚焦時，你解決問題的力量就會變得強大無比。」因此，聚焦與專注是所有成功者共通的工作習慣。

專注的工作習慣是指，集中所有力量用於完成重要任務，避免各種打擾與分心，直到百分之百完成目標，它包含以下三種行爲模式：

一、一次處理一件事：

時間管理有句名言說：「你永遠沒有足夠的時間完成所有該做的事，但是你一定有足夠的時間完成最重要的一件事」，工作時要養成一次處理一件事情的習慣，避免同一個時間，處理多件不同的工作。根據美國所作的調查顯示：一次專心處理一件事，它可以幫助提高五倍的工作產出，並且節省80％的時間。

二、避免分心：

工作過程中，必須全神貫注，儘可能排除各種使你分心的因素，堅持一鼓做氣，過程中應儘量避免分心、中斷，或是轉移注意力去做別的事情。根據研究，假如一件工作處理一半，停下來做別的事情，再回頭繼續處理，做做停停的結果，比一口氣做到完，所花費的時間將多出五倍之多。

三、堅持百分之百完成：

一件任務完成百分之九十九和完成百分之百相比，之間差別非常大，當你百分之百完成任務時，你的大腦會分泌一種內啡肽（endorphins）的物質，內啡肽又稱爲快樂的嗎啡，它會讓你感覺到一種「贏者」的快樂與成就感；反之，當任務尚未完成，即使只剩下百分之一，卻是心理壓力和不安的主要來源。因此專注的工作習慣不僅可以提高工作效率，更是獲得快樂、信心與滿足感的關鍵。

想要培養專注的工作習慣，你可以應用以下這十二種方法，在日常工作生活中，不斷地練習應用，直到專注的行爲就像呼吸一樣地自然。

1. 每天工作結束，晚上睡覺前，列一張隔天工作的清單，並排列出工作的優先順序。
2. 開始工作之前，把工作空間清理乾淨，只剩下最重要的工作項目。
3. 進行工作之前，把工作所需要的參考資料及工作器具準備好，排列整齊，一旦開始工作，不必再離開座位。
4. 利用不易被打擾的空間與時間進行重要的工作，儘量避免外部的干擾，例如關掉電話、手機、MSN，如果有自己獨立的辦公室，最好關上門並掛上「請勿打擾」告示。
5. 創造塊狀的時間用來完成最重要的工作。
6. 養成早起的習慣，利用清晨時間工作。
7. 早一個小時進辦公室開始工作，中午避開用餐排隊人潮繼續工作，晚一個小時下班持續工作。
8. 減少辦公室無益的聊天與討論。
9. 爲每一件工作設定完成時限，培養完成工作的緊迫感，經常告訴自己，快點完成工作。
10. 爲自己訂定一套任務完成的獎勵辦法。
11. 練習一次專心處理一件工作，並且堅持百分之百完成。
12. 充分運用學習曲線的原理，把類型相同的工作項目集中處理。

專注的工作習慣，是許多成功者能夠比一般人完成更多成果的秘訣。作家William Mathews說：「成功的首要法則是專注，把所有力量灌注在一點上，而且直接到達那一點上，決不左顧右盼。」專注不僅能提高工作績效的秘訣，也是熱情、活力、成就感的主要來源。如果，你想成爲像比爾蓋茲一樣的天才，先記住他的話，「唯有專注，才能成就一流的事業。」

成功者的對話

*無論你有多能幹，唯有專注，才能成就一流的事業。

*在所有人類事務當中，無論是政治、軍事、或是貿易等領域，專注是力量的秘訣。

*當你把所有生理、心理的力量集中聚焦時，你解決問題的力量就會變得強大無比。

*你永遠沒有足夠的時間完成所有該做的事，但是你一定有足夠的時間完成最重要的一件事。

*成功的首要法則是專注，把所有力量灌注在一點上，而且直接到達那一點上，決不左顧右盼。

*唯有專注，才能成就一流的事業。

簡化工作與生活

步驟最少的方案，通常是最可能解決問題的方案。

蘇格拉底

有一個「狗追野兔」的寓言故事說，有一隻獵犬在原野上看見一隻野兔，於是狗立刻全力追逐，追逐到一半，狗看見第二隻野兔從洞裡跳出來，於是拋下第一隻兔子轉頭直追第二隻野兔，接著第三隻野兔又出現了，狗又改變心意追逐第三隻野兔，一整天下來，狗不斷地來回追著不同的野兔，直到太陽西下，精疲力竭，但是一隻野兔也沒有抓到。這個故事要告訴我們一個簡單的道理，分散的目標與複雜的活動，最後使人精疲力竭，而一無所獲。

在現實生活中，許多人就像這隻狗，都犯了複雜與混亂的錯誤。複雜與混亂是成功與勝利的最大敵人，但是從古到今，人類所有活動都有一種趨向複雜化與力量分散的自然傾向，許多失敗者陷溺於這個傾向而不自知。

個人策略規劃專家伯恩崔西在《勝利》（victory）一書中提出「複雜化法則」，他說：所有人類活動過程中，人們都有一種自然傾向，會自動增加程序與步驟，使得活動的複雜度提高。活動的複雜度等於步驟數的平方，例如只有一個步驟，一的平方還是一，複雜度是一，若步驟數提高爲二，二的平方是四，複雜度變成四，也就是複雜度提高四倍，如果步驟數爲三，複雜度就增加爲九，依此類推。複雜度愈高，代表達成目標所需的成本愈多、所花費的時間愈長、犯錯的機率愈高。

複雜化的結果，帶來混亂與力量分散，造成時間與成本的浪費，增加犯錯、失敗的機率。所以說，複雜化傾向是成功者的大敵，追求成功的人必須保持清醒的警惕心，抗拒複雜化傾向，持續尋找方法減少日常生活中的複雜度與混亂。

二次大戰的名將，巴頓將軍（General George S. Patton）說：「戰爭的勝利端賴一項黃金法則：速度、簡單、勇敢」，戰勝人類複雜化傾向，必須仰賴聚焦、專注與簡化。複雜與混亂的相反就是聚焦與專注，成功者一生中最重要的技能是培養聚焦與專注的能力，聚焦於最重要的目標與任務上，然後全心全意專注於高價值的工作，絕不分心，直到百分之百完成任務與目標。

成功者對抗複雜化傾向的另一項技巧是簡化工作與生活。歷史上許多智者早就提示人們

「簡單才會有力量」的道理，例如在西元一三四〇年，英國哲學家，威廉奧克漢（William Occam）提出一種決策思考的工具，用來幫助人們解決問題，後世稱之為「奧克漢剃刀」，奧克漢說：「解決任何問題，最簡單、最直接的方案通常都是最正確的方案。」另外，蘇格拉底也說：「步驟最少的方案，通常是最可能解決問題的方案。」

簡化工作時，可以採取重新安排（reengineering）的策略，重新安排每一項工作流程，將工作的步驟一項一項列出來，運用以下的方法，設法將工作步驟減少30％。將多項工作結合變成一項工作；將許多性質相近的工作分配給同一個人；將核心任務以外的的工作外包給專業的個人或公司來完成；將工作授權給其他人或部門來完成；檢討哪些工作項目已無法發生實際功效，並立即加以取消；改變工作次序以提高效率或消除瓶頸。

簡化工作流程，不僅可以節省大量的時間與成本，還能提高工作績效，以下是IBM簡化工作流程成功的實例：

幾年前，IBM的業務員賣電腦系統給客戶，同時會透過IBM的財務公司提供客戶融資貸款，但是貸款審核程序通常需要六至八週。客戶抱怨連連，於是IBM經過內部調查發現，貸款審核必須經過十四個不同的人經手才能完成。IBM決定從新改善流程，加速信貸審核作業的速度。於是他們運用內部資源，將整個作業方案電腦化。他們發現95%的信貸申請可以立即審查結束，只有5%的案子需要進一步調查。不只如此，他們進一步發現，只要業務員在筆記型電腦上的申請表格填好必須的資料，透過數據機將資料傳回總公司立即處理，可以使原先需要花費六週時間的申請審核縮短成兩個小時，甚至於幾分鐘內審核完畢。於是業務員可以做到早上賣完電腦，中午回傳信貸申請，下午就可以審核完畢。

成功者不僅要能簡化工作，同時也要學會如何簡單過生活。簡化生活首先要清楚自己的目標，根據自己的價值觀與人生願景，設定具體的人生目標，用目標管理生活，簡化日常活動。另外，要養成說NO的習慣，當別人提出的請求與自己目標不符時，養成直接說NO的習慣，避免浪費時間做沒價值或是低價值的活動。

Google大概是全世界最簡單的入口網站，它不像其他網站功能繁多、比酷比炫，Google就是一個簡單框框和幾行字，但是它的威力令微軟、Yahoo、e-Bay等巨人都懼怕三分，Google的成功證明兩句話「簡單才有力量」和「專注才能成就一流的事業」，成功無他，簡單專注而已。

六種簡化日常生活的實用方法：

一、每天整理你的工作空間：

在你開始工作之前，先將工作空間清除乾淨，把暫時用不到的資料文件收在抽屜或工作櫃裡，有時堆在地上也無妨，但是無論任何時候，辦公桌上永遠保持一項工作所需的資料。

二、清理過時、無用的資料：

超過半年以上的雜誌都屬於廢紙，散落在辦公室、家裡及書桌上的檔案及成堆的參考資料，大部分都不會再用到，定期將這些資料清除。

三、避免打開電視及收音機：

無論你人在家中或是在車上，要隨時抗拒打開電視或收音機的誘惑，創造一個寧靜的空間，讓自己放鬆，恢復頭腦的清明。

四、定期清除不用的物品：

打開你的車子、房間、衣櫥、儲藏櫃，找出過時、老舊或不需要的用品，設法送給有需要的人或是清除掉，保持生活的乾淨、簡單、清爽及優雅。

五、養成固定靜坐的習慣：

每天花三十分鐘到一個小時的時間，獨自安靜地坐著，讓心情放鬆，深沉而緩慢的呼吸，讓你的思維自由漂浮，沒有壓力，沒有方向。每天練習靜坐好處很多，它可以增強你的直覺能力，改善對事物的洞察力，進而改變你對工作與生活的視野。

六、立刻採取行動落實簡化生活的承諾：

根據以上所學簡化生活的思考及實用方法，立下具體的行動承諾，立即採取行動，開始簡化生活。

創造個人的黃金時段

如果你真的熱愛生命，就不要隨意糟蹋時間，因為人生就是由時間所組成的。

富蘭克林（Benjamin Franklin）

比爾蓋茲的亞洲首席智囊張亞勤，也是微軟亞洲研究院院長兼首席科學家，在接受訪問時透露：他個人保持頭腦清醒，提高原創力的方法是，不管多繁忙，他堅持每天下午一點半到四點半，保持三個小時的「腦筋自由時間」，專門用於思考、閱讀及寫作，他的秘書從不在這時候幫他接進任何電話。

台灣經營之神王永慶，每天晚上九點半睡覺，午夜十二點半起床，一直到清晨六點再回去補眠，每天深夜到清晨這段時間，王永慶除了每天做毛巾操的健身活動外，完全用於閱讀、思考與決策等活動，數十時年如一日。

從以上兩個例子說明，許多成功的人物都有一種特殊利用時間的方式，稱之爲「個人黃金時段」，他們每天會安排一段固定的時間，在固定的地方，專心一意進行最重要的目標與任務，這個「黃金時段」是他們一天中生產力最高的時段。

「個人黃金時段」通常需要五個要件：

一、一整段完整的時間：

預先計畫每一天可以利用的時間，創造出一段完整的時段，可以是清晨、白天上班時間、或是晚上，長度可以是三十分鐘、一個小時或是兩個小時以上的完整時段。

二、清醒敏銳的頭腦：

這個時段必須是精神狀態最佳的時間。

三、舒適自在的工作空間：

找一個固定的場所，安排舒適自在的工作空間，包含充足的燈光、適合長時間工作的桌椅，流通的空氣等。

四、不被打擾的環境：

避免接聽電話，謝絕任何訪客，保持安靜不受打擾的環境。

五、固定從事最重要的活動：

養成習慣，在固定的時間，在固定的地方，從事重要的活動，包括閱讀、思考、寫作、計畫以及工作等。

事實上，每個人在一天當中，都有一段特定的時間，是精神狀態最佳的時段，大部分成功的人都會找出每天精神狀態最好的時段，將這段時間預先計畫保留下來，用於從事最重要、最具挑戰性的工作。

一般而言，晚上睡覺前以及清晨起床後是一天中最不容易被打擾的完整時段，許多成功的人都會妥善利用這兩個塊狀時段，例如前紐約市長朱利安尼，每天晚上睡覺前，養成固定閱讀的習慣，即使在「九一一」事件發生的當晚也不例外，在他的《決策時刻》（Leadership）書中提到，九一一事件發生當晚，上床已經是深夜了，他依舊繼續閱讀邱吉爾傳記，學習邱吉爾當年率領英國人民抵抗德軍轟炸的勇氣，從中學習應付危機的智慧。

成功者通常高度重視時間，缺乏卓越時間管理技巧的人不可能會成功。因爲時間是一生最重要的資產，所有成功者都會仔細計畫如何利用時間，他們不僅善用日常生活的零碎時間，更重視創造「黃間時段」，專注於完成最重要的工作，養成時間管理的好習慣，是所有成功者提高生產力的共同秘訣。想要成功的人必須牢記富蘭克林（Benjamin Franklin）所說的一句話：「如果你眞的熱愛生命，就不要隨意糟蹋時間，因爲人生就是由時間所組成的。」

培養快速節奏與急迫感

快速的節奏是成功者的基本要求。

艾倫拉肯

時間管理專家艾倫拉肯（Alan Lakein）指出：「快速的節奏（fast tempo）是成功者的基本要求。」多數成功的人都是行動取向的人，當他們發現機會時，立刻採取行動，攫取機會，快速地向目標前進，所以成功的機率自然比一般人高。

許多研究都發現：凡是生產力高、升遷快速的員工都有一共通點，他們通常會先選擇最重要的任務，立即採取行動，並且在過程中保持一種快速的節奏，在最短的時間內把重要工作完成，做到又快又好，這樣的員工，通常會引起老闆或是上司的注意與賞識，隨後被賦予更多、更重大的任務，因此步調快的行動派往往獲得升遷的機會比一般人高。

通常這種步伐快速的行動派，心中都有一種「緊迫感」（sense of urgency），緊迫感是指一種心理的內在驅力，希望立即採取行動，並且很快地完成目標，這種緊迫感並非來自外在壓力，而是來自內心的自我要求，像是自己在跟時間賽跑一樣。

「緊迫感」與潛意識的強迫系統有關，人類90%的心理和精神力量都儲存在潛意識，潛意識蘊藏著驅動自己完成目標的偉大力量。潛意識要發揮自我驅動的功能，必須有清楚的目標、具體的任務、詳細的成果或績效，標準以及確定的完成時限，這些要素構成潛意識的強迫系統（forcing system），有了潛意識的強迫系統，會使人產生緊迫感，保持行動的快速節奏。反之，缺少強迫系統，就會讓人失去緊迫感，容易一再拖延。

另外，「緊迫感」也和人類大腦內的「內啡肽」（endorphins）有關，內啡肽是腦內自然分泌的化學物質，每當完成一項任務時，大腦就會分泌少量的內啡肽，這種類似嗎啡的物質，會讓人有一種興奮與快樂的感覺，當你完成愈多、愈重要的任務時，大腦就會分泌愈大量的內啡肽，使人愈快樂，這就是所謂的成就感。人類爲了獲得這種完成目標的成就感，就會在內心中產生想儘快完成目標的緊迫感。

「緊迫感」是所有追求成功的人必須具備的心理特質，如何培養緊迫感呢？可以從改變思想上著手，培養自己採取目標導向、成果導向以及行動導向的思考模式，在實務的做法上，先將自己理想與願景改寫成清楚的目標，爲目標設定具體的成果標準以及確定的完成時限，接著規劃完整的行動計畫，按計畫立即著手行動，並且每天以最大的努力以及最快的速度，完成每天的工作進度，養成這種工作習慣，自然能夠培養緊迫感。

時間管理的武功心訣

時間管理可以被視為一種思考工具，幫助你建立偉大的人生。時間管理可以被視為一種個人紀律，幫助你完成人生目標，給你成就與快樂。

伯恩崔西

在金庸武俠小說中，練就上乘的武功，除了學習功夫招式之外，更重要的是熟記武功的心經及口訣。同樣的，在學習時間管理及提升生產力的方法上，除了學習應用「80/20法則」、「ABCDE工作分類法」及「重要性與急迫性交叉分析法」，培養「優先順序判斷力」之外，另外必須熟記「時間管理」的心經，隨時隨地提醒自己：「如何最有效率地運用時間」。

心經第一條：隨時自我提問「在所工作項目中，對我而言，哪一項是最有價值的活動？」（WHAT IS MY HIGHEST-VALUE ACTIVITIES？），提醒自己，永遠先做最有價值的事，低價值的事，能夠拖延就盡量拖延，沒有價值的事，就直接了當說"NO"。

心經第二條：隨時自我提問「我的老闆爲什麼付我薪水？做好哪些事，會令他最滿意？」（WHY AM I ON THE PAYROLL？），如果你確定你的答案跟上司、老闆的答案是一致的，接著就是集中時間、精力，把那些事用最快的速度及最好的品質標準加以完成，這是你加薪、升遷最佳的途徑。如果你不清楚、不確定老闆或是上司要什麼，最好直接找他們問清楚，才開始行動，事後才不會自怨自艾的說「我就算沒有功勞，也有苦勞」，這類自我安慰的說辭，最好少說。

心經第三條：隨時自我提問「我現在要做什麼事，對達成我的工作目標而言，是最有價值的時間利用？」（WHAT IS THE MOST VALUABLE USE OF MY TIME RIGHT NOW？），如果我手邊沒有急迫的事情待辦，現在的時間是用來看報紙？溜出去喝杯下午茶？或是上網找專業有關的資料？閱讀一直想看但一直沒時間看的書籍、報告？這個時候這條心經可以用來提醒自己，隨時隨地將時間用在有價值、高價值的活動上。

時間管理可以被視爲一種思考工具，幫助你建立偉大的人生。時間管理可以被視爲一種個人紀律，幫助你完成人生目標，給你成就與快樂。這三條心經，是美國個人生涯策略規劃專家伯恩崔西經過多年實踐，所發展出來的「時間管理」口訣，用意在時時刻刻提醒自己，自我要求，自我訓練，不斷練習，直到變成一種習慣，內化成爲生活的一部份，才算大功告成。這是一種修練的過程，需要在意識上時時提醒自己，經過反覆練習，才能養成習慣，因此建議，可用卡片寫上三條心經，放在辦公桌上，當成座右銘，或是設計成電腦的桌布，用於隨時提醒自己，另外一個好處是，當老闆或是上司經過你的辦公桌，發現這三條心經，我敢保證他一定會面帶微笑，心想「儒子可教也」。

廣	告	回	信
臺灣北區郵政管理局登記證			
北台字	第	8719	號
免	貼	郵	票

106-□□

台北市新生南路3段88號5樓之6

揚智文化事業股份有限公司　　收

□□□-□□

地址：　　市縣　　鄉鎮市區　　路街　段　巷　弄　號　樓

姓名：

葉子

Leaves Publishing

書號　L4301　　書名　笨蛋！成功是策略的問題

葉子出版股份有限公司

讀・者・回・函

感謝您購買本公司出版的書籍。
爲了更接近讀者的想法，出版您想閱讀的書籍，在此需要勞駕您詳細爲我們塡寫回函，您的一份心力，將使我們更加努力！！

1.姓名：________

2.性別：□男 □女

3.生日／年齡：西元____年____月____日____歲

4.教育程度：□高中職以下 □專科及大學 □碩士 □博士以上

5.職業別：□學生 □服務業 □軍警 □公教 □資訊 □傳播 □金融 □貿易 □製造生產 □家管 □其他________

6.購書方式／地點名稱：□書店____ □量販店____ □網路____ □郵購____ □書展____ □其他____

7.如何得知此出版訊息：□媒體____ □書訊____ □書店____ □其他________

8.購買原因：□喜歡作者 □對書籍內容感興趣 □生活或工作需要 □其他____

9.書籍編排：□專業水準 □賞心悅目 □設計普通 □有待加強

10.書籍封面：□非常出色 □平凡普通 □毫不起眼

11.E－mail：________

12.喜歡哪一類型的書籍：________

13.月收入：□兩萬到三萬 □三到四萬 □四到五萬 □五萬以上 □十萬以上

14.您認為本書定價：□過高 □適當 □便宜

15.希望本公司出版哪方面的書籍：________

16.本公司企劃的書籍分類裡，有哪些書系是您感到興趣的？
□忘憂草（身心靈）□愛麗絲（流行時尚）□紫薇（愛情）□三色堇（生活實用）□銀杏（健康）□風信子（旅遊文學）□向日葵（青少年）

17.您的寶貴意見：________

☆塡寫完畢後，可直接寄回（免貼郵票）。
我們將不定期寄發新書資訊，並優先通知您
其他優惠活動，再次感謝您！！

Leaves Publishing

根

以讀者爲其根本

莖

用生活來做支撐

葉

引發思考或功用

果

獲取效益或趣味